ŒUVRES COMPLÈTES

DE

CHARLES NODIER.

SOUVENIRS ET PORTRAITS.

CHARLES NODIER

PARIS. — COSSON, IMPRIMEUR DE L'ACADÉMIE ROYALE DE MÉDECINE,
9, rue Saint-Germain-des-Prés.

ŒUVRES COMPLÈTES

DE

CHARLES NODIER.

IX.

SOUVENIRS ET PORTRAITS.

PARIS,
MAGEN ET COMON, ÉDITEURS,
21, QUAI DES AUGUSTINS.

1841.

SOUVENIRS.

CHARLOTTE CORDAY.

Je suis obligé de déclarer tout en commençant, qu'on ne trouvera probablement pas ici ce qu'on vient y chercher. Je n'ai jamais vu Charlotte Corday, je ne sais d'elle que ce qu'en rapporte l'histoire; et ce qu'en rapporte l'histoire, tout le monde le sait comme moi. Sa belle et pure vie de jeune fille échappe aux combinaisons du roman. Son dévouement héroïque et passionné ne se rattache à aucune des combinaisons de la politique. Elle apparoît seule, absolument seule, au milieu des faits de son temps, et n'y passe qu'un jour pour tuer et pour mourir. Cela est bientôt dit, et il n'y a pas deux manières de le dire. Tout le luxe de l'éloquence et de la poésie, dont j'ai d'ailleurs d'excellentes raisons pour ne pas faire grand étalage, ne prêteroit que de maussades ornements à cette phrase simple mais complète des biographies.

« Marie-Anne-Charlotte Corday d'Armans,
» âgée de vingt-quatre ans et quelques mois,
» née de parents nobles à Saint-Saturnin près
» de Séez, en Normandie, assassina Marat dans
» son bain, d'un coup de couteau, le 14 juil-
» let 1793. Elle se laissa ensuite arrêter sans
» s'émouvoir, répondit à ses juges sans se dé-
» fendre, entendit son arrêt avec le calme qui
» ne l'avait pas abandonnée un moment, et
» marcha le 17 à l'échafaud, belle, tranquille
» et presque riante, comme les jeunes filles de
» son âge vont au bal. Quand le bourreau eut

»abattu sa tête, il la ramassa dans le panier, la
» montra toute sanglante au peuple, et lui
» donna un soufflet. »

L'histoire n'ajoutera rien à cela, et ce que l'imagination auroit l'étrange audace d'y ajouter seroit certainement de trop.

Ce que j'y ajouterai, moi, ce sera un lambeau de mes souvenirs, passablement insignifiant pour tout le monde, si ce n'est pour moi, et que je n'aurois jamais eu la prétention de recoudre à rien si je ne trouvois à tirer de ses replis quelques inductions morales dont l'application peut redevenir utile dans des circonstances plus ou moins prochaines. J'aimerois mieux avoir à m'occuper d'autre chose, car le public commence à s'ennuyer beaucoup de rêveries individuelles et d'émotions intimes; mais c'est un cadre dont il est difficile de sortir quand on a été réduit par la forme sociale à une vie purement intime et individuelle. Quelles sensations pourroit exprimer le solitaire qui n'a existé réellement que dans sa pensée, si on lui interdit de raconter sa pensée et de mettre sa solitude à profit? Quiconque est paria écrive en paria : c'est bien le moins.

Quand Paris eut fait ses premières révolutions, on ne savoit pas trop bien dans les provinces éloignées ni pourquoi ni comment on faisoit les révolutions. Ce n'est plus maintenant un mystère pour personne. *Cette place est à moi, ces honneurs me sont dus, ces palais m'appartiennent. Enfants, retirez-vous de mon soleil,* comme dit Pascal. *Laissez-moi passer, ou je vous tue!* Voilà l'expression tout entière de ces grands mouvements des peuples qui leur coûtent si cher, qui leur rapportent si peu; et c'est pourquoi la partie saine des peuples ne s'en mêle plus. Il n'en étoit pas de même alors. La frénésie étoit presque partout, mais la mauvaise foi n'étoit presque nulle part. On alloit, on alloit, et on alloit ordinairement trop loin, parce que, suivant la judicieuse expression de Robespierre, on ne va jamais plus loin que lorsqu'on ne sait pas où l'on va. La division hostile des partis devint bientôt la manifestation très-explicite du secret des gens capables qui se disputoient le pouvoir. Elle ne fut pour les bonnes gens qu'une énigme sans mot dont la solution indéfinie restoit suspendue dans l'avenir; et s'ils s'obstinèrent à la chercher quelquefois encore, ce ne fut malheureusement pas dans l'histoire, où ils l'auroient trouvée à chaque page. Brutus l'avoit proférée assez hautement pour l'instruction de tous les siècles, en livrant sa poitrine au poignard amical de Straton.

La société populaire de ma ville natale voulut cependant savoir à quoi s'en tenir sur les chefs apparents de la Montagne et de la Gironde avant de s'engager sous la bannière de l'une ou de l'autre. A défaut d'idées positives et qui se représentassent d'elles-mêmes, comme cela arrive quand les idées sont quelque chose et qu'il y a une vérité au fond, elle s'informa des hommes et réserva son adhésion pour les plus dignes. L'émissaire chargé de cette exploration naïve étoit un jeune homme de vingt-deux ans, du plus heureux naturel, plein de bonne instruction, de patriotisme éclairé, d'humanité, d'enthousiasme, et qu'un rare talent pour la parole avait rendu populaire dans ces jours d'apparente création où la parole étoit redevenue souveraine comme aux premiers jours du monde. A onze ans je l'avois pour professeur et presque pour ami; et je chéris encore sa mémoire, quoique j'aie la funeste obligation de mon goût stérile pour les lettres à ses aveugles encouragements. Briot vint à Paris, y passa quelques semaines, et se crut en état de rendre bon compte de sa mission. « Roland et ses » amis, dit-il, sont des républicains sincères, » incorruptibles, pénétrés du plus pur amour » de la liberté; ils peuvent se tromper, mais ils » ne peuvent pas vouloir vous tromper. Je ne » sais où est la raison, mais c'est de ce côté » qu'est la vertu. Quant à Marat, c'est un » monstre qui n'a rien de commun avec la na- » ture humaine, et j'en rends grâces au ciel, » car il faudroit rougir d'être homme si Marat » étoit un homme. »

Cette pensée s'enracina profondément dans mon esprit. Elle y produisit un germe fécond qui se développa, qui grandit, qui étouffa peu à peu tout le reste des folles semences que mon éducation politique d'écolier y avoit jetées depuis un an. Marat est la seule créature qui m'ait fait comprendre la haine.

Quelques mois après la Montagne étoit triomphante et régnoit sur la France de par la populace de Paris. Elle manda ses fougueux proconsuls dans tous les départements. Celui qui nous échut s'appeloit Jean B....., de Seine-et-Oise. C'étoit un ancien curé de Saint-Louis de Versailles, doué d'une physionomie distinguée, d'une grande facilité d'élocution, et d'une certaine élégance de manières. Ce curé venoit de se marier avec une noble chanoinesse, pour la dérober peut-être à la proscription. Je ne l'ai jamais entendu dire, mais j'ai eu quelques raisons de le croire. Madame B..... était belle, plus que belle, accomplie dans toutes les grâces qui relèvent la beauté, dans toutes les perfections du cœur qui la divinisent; et pour surcroît de mérite elle avoit l'inexplicable courage d'être aristocrate et de s'en faire gloire. Arrachée par la nécessité sans doute à la société élevée dont elle auroit fait l'ornement, on n'imaginera pas qu'elle ait pensé un instant à s'en composer une autre parmi l'orageuse et grossière clientèle des députés jacobins. Elle vivoit retirée dans son appartement, et ne passoit quelquefois dans ceux du curé tribun que pour aller y solliciter quelques adoucissements aux malheurs des pauvres proscrits. La justice exige qu'on avoue qu'ils lui étoient souvent accordés; et plus d'une famille alors miraculeusement soulagée dans ses afflictions par le succès de ses démarches ferventes et assidues, la reconnoîtroit encore sous le nom de *Notre-Dame-de-miséricorde*, qu'elle avoit reçu du *bon* peuple. Heureusement il y en a deux.

Jamais femme, autant que je me la rappelle aujourd'hui, car je ne possédois pas dans ce temps-là l'instinct qui révèle ces mystères, n'avoit été mieux organisée pour aimer et pour faire le bonheur de ce qu'elle aimoit. C'étoit sans doute ce vide d'une âme tendre et exaltée qui la préoccupoit dans la solitude où je la surprenois tous les jours les yeux rouges de larmes qu'elle s'efforçoit de me cacher sous un sourire; et quand le besoin d'aimer ne trouve pas à s'exercer sur ses sympathies naturelles, il faut bien qu'il cherche où se prendre. Je serois fort en peine d'expliquer d'une autre manière sa bienveillance pleine d'effusion pour un enfant que des circonstances inutiles à raconter avoient offert à ses regards : enfant sombre, irritable, chagrin, tourmenté de je ne sais quel vague avenir d'amour et de poésie, comme s'il avoit prévu que ces belles illusions trahiroient toutes ses espérances, et qu'il vieilliroit, l'infortuné, à les poursuivre sans les saisir, puis à les regretter toujours. Elle l'aimoit autrement peut-être, mais aussi purement qu'une mère, et il y avoit des moments de méditation inquiète où ce sentiment sans nom ne me suffisoit plus. Je devinois sans le comprendre que ce n'étoit pas ainsi qu'il auroit été parfaitement doux d'être aimé d'elle, et cette anticipation insensée sur les passions d'un autre âge m'attiroit trop souvent les lourdes railleries de quelques démagogues facétieux pour que je pusse me tromper sur ce qu'elle avoit de ridicule; mais elle me valoit le privilége d'accompagner ma bonne amie partout, et je m'accoutumois à jouir de mon bonheur sans prendre souci du bonheur qui me manquoit.

Un jour nous venions de visiter un des paysages riants et pittoresques de nos belles contrées dans une modeste voiture de louage dont les représentants se servoient pour leurs excursions. J'occupois le fond avec madame B....., et le mouvement monotone de la voiture lentement balancée par les inégalités d'une route scabreuse m'avoit plongé dans un assoupissement qui n'étoit cependant pas assez profond pour me priver tout-à-fait de la faculté de penser, et que je goûtois avec délices parce qu'il me permettoit de reposer ma tête sur la blanche épaule de Julie, de manière à entendre palpiter son sein et à respirer son haleine. Le devant étoit partagé par B..... et Championnet, alors colonel d'un bataillon de volontaires de la Drôme, et qui devoit quelques années après arborer le drapeau tricolore au faîte du Capitole. Celui-ci étoit un patriote éclairé et sensible, dont l'esprit délicat et fin, l'âme affectueuse et les mœurs chevaleresques ne pouvoient sympathiser avec les fureurs de l'époque. Cette disposition, qu'il étoit toujours prêt à manifester avec une énergique franchise, soulevoit chaque jour entre B..... et lui des discussions assez vives dans lesquelles le député faisoit preuve de plus d'art que de sincérité ; car il inclinoit lui-même intérieurement aux idées de modération et de tolérance qu'il feignoit de combattre, pour se réserver le pouvoir de les appliquer sans danger, en les déguisant sous l'apparence d'une fausse exagération dissipée en vaines paroles. Cependant il estimoit trop sincèrement Championnet pour craindre de s'en laisser pénétrer; et il mettoit ordinairement fin à leur dispute par un serrement de main ou un sourire qui trahissoit son approbation secrète. J'avois remarqué cela en dix occasions différentes. Au moment dont je parlois, le nom de Marat tomba au milieu de la conversation, et produisit sur moi l'effet qu'il produisoit toujours. Je me réveillai en sursaut et avec un mouvement d'horreur, le nom de Marat à la bouche.

— Marat est un monstre, dit froidement Julie, qui ne s'étoit pas mêlée jusque-là de cet entretien.

— Et le ciel en soit loué! ajoutai-je en renouant son exclamation à la phrase classique de mon jeune professeur; car il faudroit rougir d'être homme si Marat étoit un homme.

B..... fronça sur moi son sourcil épais et noir en me lançant un regard sévère; et se retournant gaîment du côté de Championnet :

— Savez-vous, lui dit-il, mon cher camarade, que le langage de madame et celui de son *patito* ne seroient pas entendus impunément par mon pacifique et indulgent collègue Pioche-fer Bernard de Xaintes, et qu'il pourroit un jour nous en coûter la tête à tous quatre si rien de ceci transpiroit? Marat, poursuivit-il, n'est pas même un monstre. Il n'y a pas assez d'étoffe dans ce misérable pour faire un de ces scélérats éminents qui prennent place dans l'histoire. C'est quelque chose au-dessous d'un monstre, un maniaque ivre, une brute enragée, un reptile épileptique. Tout le monde à la convention en porte le même jugement. Mais c'est sous ce point de vue même qu'il nous est essentiel comme intermédiaire entre nous et ce rebut crapuleux des nations corrompues, cette hideuse et cruelle populace dont il est l'expression et le type incarné. Par lui nous la tenons tout entière dans notre main, et nous en épouvantons le reste de la France, rien qu'en le menaçant de déchaîner notre harpie, comme si nous lui présentions la tête de Méduse. J'aurois voulu me servir d'une comparaison moins noble et moins poétique dans un sujet si bas; mais en vérité je n'ai pas pu la trouver. Ce seroit faire à Marat beaucoup trop d'honneur encore que de le comparer à ce qu'il y a de plus vil et de plus exécrable au monde.

Là-dessus il cessa de parler, et nous restâmes tous livrés à nos réflexions. Les miennes, je m'en souviens, furent plus solides et plus sérieuses qu'il ne sembloit convenir à mon extrême jeunesse. Ma pensée entrevoyoit un monde nouveau ; je venois de recevoir ma première leçon de politique.

A notre arrivée au palais où la ville avoit logé les députés en mission, nous trouvâmes un concours immense de citoyens consternés dont quelques-uns pleuroient de rage et rugissoient de vengeance, et nous ne fûmes pas longtemps à nous expliquer cet incident. Un courrier extraordinaire venoit d'apporter en toute hâte la nouvelle de la mort de Marat assassiné par Charlotte Corday. B..... parut plus sensible que personne à ce tragique événement, et il le falloit ; il tomba sur son fauteuil en cachant ses yeux de ses mains, et quand il les découvrit, tous les assistants purent croire qu'il versoit des larmes véritables, car il s'en fallut peu que je ne m'y trompasse moi-même.—O mon vertueux ami, s'écria-t-il, qu'ai-je fait pour te survivre! Pourquoi mon cœur ne s'est-il pas trouvé entre le tien et le fer parricide qui t'a frappé? Mes jours sont inutiles à ce peuple auquel tu portois un amour si vigilant, et dont tu étois la lumière vivante? O mon ami, ô mon frère, ô sage et divin Marat, que ne suis-je mort à ta place? Et en achevant ces paroles il laissa retomber sa tête sur le dossier, comme si le sentiment l'abandonnoit. La foule respectueuse, touchée de son désespoir patriotique, ne songea plus qu'à s'écouler en silence, pour ne pas importuner une si profonde douleur.

Quand elle fut éloignée, B..... qui la suivoit furtivement de l'œil, se leva, ferma les deux battants de la porte, et, les mains dans les poches de son pantalon, arpenta le parquet en sifflant.

— Adieu le puissant talisman de la Montagne, dit Championnet d'un ton ricaneur qui lui étoit particulier. La voilà désarmée des serpents qui nous faisoient peur. Elle a perdu sa Gorgone.

— Elle n'a rien perdu, enfant que vous êtes, répondit B.....; le Saint-Fargeau étoit usé jusqu'à la corde. Momie pour momie, il nous falloit un martyr, celui-ci fera des miracles.

Après quoi il se jeta de nouveau sur son fauteuil dans un accès de fou rire, en fredonnant à demi-voix, pour n'être pas entendu du dehors :

> Elle a tant mangé de monde,
> La bête du Gevaudan, etc.

Madame B..... n'avoit pris aucune part apparente à cette scène et à ce colloque. Elle appuya sa main sur mon épaule, et se dirigea vers sa chambre, où je l'accompagnai comme à l'ordinaire. A l'instant où nous allions y entrer : — Madame, cria B..... d'un ton à demi solennel et à demi goguenard, je vous prie de clore la bouche de votre amant avec quelques friandises. Il y va de ma vie et de la vôtre.

Lorsque nous fûmes là, je regardai Julie avec étonnement, parce que je ne l'avois jamais vue ainsi. Son visage rayonnoit d'une inspiration extraordinaire; ses yeux fixes et ardents lançoient du feu; ses lèvres trembloient.

Tout ce qu'on pouvoit pénétrer de ce qui se passoit en elle annonçoit une joie concentrée et une admiration qui alloit à l'extase.

— Dieu n'a donc pas encore abandonné la France! dit-elle enfin. Il lui reste des cœurs fiers, résolus et magnanimes, dignes du temps des saintes héroïnes Jahel et Judith! Et c'est une femme, une simple femme, entendez-vous, qui a porté ce coup glorieux. Oh! que j'aimerois à voir cette jeune fille et à presser ses mains sanglantes!

— Hélas! interrompis-je, que dites-vous? L'heure qui va sonner, Charlotte Corday ne l'entendra pas. Elle a cessé de vivre.

— Cela est probable, répondit-elle en réfléchissant. C'est une belle et noble mort.

Alors elle s'approcha du prie-Dieu qu'elle avoit fait rétablir dans son appartement, s'agenouilla, se signa, et, les mains élevées vers le ciel : — Sainte Charlotte Corday, s'écria-t-elle avec une expansion entraînante, priez pour nous!

Je tombai à genoux à côté d'elle, et je répétai ses paroles : Sainte Charlotte Corday, priez pour nous!

Le courrier étoit venu en quarante-deux heures. Ceci se passoit le 17 juillet; il étoit sept heures du soir; et le 17 juillet, à sept heures du soir, la tête de Charlotte Corday rouloit sur l'échafaud.

Voilà l'étrange rapprochement qui m'a autorisé peut-être à écrire quelques lignes sur Charlotte Corday.

La prévision de B..... ne fut pas trompée. Ce cadavre, qui auroit souillé les gémonies, reçut au Panthéon les honneurs de l'apothéose. Le crayon célèbre de David s'avilit à tracer les ornements de cette pompe profane. Sa plume en écrivit le programme. Je ne sais si ce fut avec du sang, mais le sang des victimes ne manqua pas au dieu anthropophage dont la France élevoit les autels, car la mort de Marat avoit décuplé la rage des proscripteurs et le travail des bourreaux. Il faut avoir assisté à ces funérailles sacriléges pour se trouver le courage d'y croire. Comme elles eurent partout le même caractère, elles offrirent partout le même spectacle avec les mêmes particularités; et on peut s'en rapporter à mon récit. Le cortége s'ouvroit par une meute d'hyènes à deux pieds, ivres de liqueurs fortes et altérées de carnage. Elle rouloit ses flots confus au-devant des tambours lugubres et voilés en hurlant des imprécations obscènes et féroces qui n'avoient rien de la voix de l'homme, et qu'on ne se croiroit exposé à entendre que dans le silence des nuits et le voisinage des catacombes : c'étoient les prêtres de Marat, c'étaient ses hymnes et ses cantiques. Le Raphaël de la convention avoit jugé à propos de reproduire dans cette épouvantable solennité l'appareil même de la mort du tyran devenu dieu, pour frapper l'imagination des spectateurs d'un tableau presque aussi affreux que la réalité. Le cercueil mortuaire étoit remplacé par une sorte de vasque oblongue qui figuroit la baignoire où Marat venoit chercher de temps en temps des adoucissements imparfaits et inutiles à la lèpre hideuse dont il étoit dévoré. Un drap impur et sanglant la recouvroit, et tomboit de là jusqu'à terre, balayant de tous côtés la fange des rues, si ce n'est dans un endroit où il étoit retroussé pour laisser échapper un bras livide, un bras flétri et mutilé qu'on avoit emprunté pour cet usage à l'amphithéâtre d'anatomie, et aux doigts duquel on avoit lié une plume, afin de montrer sans doute que le patriote infatigable à son œuvre ne savoit pas donner de moments au repos quand il s'agissoit de dresser des listes de proscription. Ni dans les sacrifices des barbares, ni dans les raffinements impies des plus cruelles exécutions, on ne se figurera jamais d'objet qui soit capable d'exciter au même degré l'effroi, l'horreur et le dégoût. Derrière les porteurs farouches de ce repoussant simulacre s'avançoient, le bonnet rouge en tête et le crêpe au bras, entre deux rangs de soldats, les citoyens qualifiés de la ville, les magistrats, les juges, les comités révolutionnaires, les jacobins, les députés et le peuple. Toute cette cohue s'arrêta dans une église, qui, par bonheur, étoit déjà profanée. Peut-être même est-il permis de penser, pour se soulager de l'intolérable tourment de cette idée, que c'étoit là le seul lieu de l'univers où Dieu ne fût pas présent.

J'y avois escorté Julie, qui chanceloit sur mon bras en détournant les yeux; et je dois compte ici des motifs de cette héroïque curiosité, car on ne les devineroit pas. On se rappelle sans doute l'opinion consciencieuse et intrépide que mon professeur avoit exprimée trois ou quatre mois auparavant sur cet abominable Marat. Elle ne lui avoit pas porté préjudice, parce qu'il étoit populaire, ainsi que je l'ai dit, et que le suffrage public s'étoit attaché en lui à deux qualités qui ne perdent jamais leurs droits, même sur les méchants : l'énergie et la loyauté. Les meneurs s'avisèrent cependant de lui imposer la plus pénible et la plus dangereuse des expiations. Ils le chargèrent de prononcer l'oraison funèbre de Marat, écueil perfide placé sur un océan de boue et de sang, et qui sembloit ne lui laisser que le choix de dévouer sa vie ou de souiller son éloquence. La lutte d'un talent noble et d'une âme sincère aux prises avec de telles difficultés excitoit vivement notre intérêt, et nous étions impatients de savoir jusqu'à quel point un homme de bien, follement amoureux de la puissance tribunitienne, peut dégrader son caractère et son génie pour la conserver. C'étoit ce qui nous attiroit.

Briot trompa nos craintes, ou, pour parler plus exactement, il justifia nos espérances.

J'ai souvent répété que Briot étoit éloquent. Il étoit surtout habile. Je comprends très-bien depuis long-temps qu'il n'est rien qu'on ne puisse dire avec une certaine adresse, et qu'un homme d'esprit ne manque pas de moyens de sauver sa responsabilité morale en faisant l'éloge de Marat lui-même, s'il sait mettre en œuvre quelques artifices assez vulgaires, mais qui échappent à la multitude. Au point où j'en étois encore de mon apprentissage littéraire, cette escobarderie de rhéteur me frappa singulièrement, quoique les exemples n'en soient pas rares dans les classiques; mais ce n'étoit pas là que devoient s'arrêter mes émotions. Le panégyriste ne pouvoit se dispenser de parler de Charlotte Corday, et c'est pour cette partie difficile de son discours qu'il avoit tenu en réserve les plus précieuses ressources de son talent. Il n'essaya pas de la justifier, il se contenta de la peindre; et l'auditoire crut un moment la voir apparoître à côté du cénotaphe, belle, imposante, sublime, exaltée par l'amour de la liberté, affermie par le dévouement, et souriant au martyre. L'impression qu'il vouloit produire s'étoit communiquée à tous les

cœurs quand il ajouta d'un ton mâle et austère : « Il y a des actions qui sont au-dessus
» de toute la portée de la raison et du jugement
» humain. Ce n'est pas à nous qu'il appartient
» de peser de pareilles résolutions et de con-
» damner en Charlotte Corday ce que la pos-
» térité admire en Brutus. Laissons agir la jus-
» tice qui venge les lois, et jetons un voile res-
» pectueux sur les erreurs et les excès de la
» vertu. » Un silence presque religieux suivit
un moment cette péroraison, et ne fit place
qu'aux acclamations universelles qui accompagnoient l'orateur à sa place. Bernard lui seul
dit en grondant sourdement à l'oreille de
B..... : — Voilà une belle oraison funèbre de
Charlotte Corday! Mais il fut obligé de céler
ce mystère dans les replis de son âme haineuse,
parce que son interprétation ne fut accueillie
de personne. Pendant ce temps-là, je confon-
dois avec Julie des larmes d'admiration et d'attendrissement qui donnoient autour de nous
une haute idée de notre patriotisme. Apparence trompeuse! je vous assure. Nous pleu-
rions Charlotte Corday.

Quand on a passé sa jeunesse tout entière

sous l'influence d'une doctrine passionnée et violente, il est du moins consolant de penser que cette aberration d'un cœur naturellement bienveillant étoit l'effet presque irrésistible des circonstances, et que les circonstances dans lesquelles le hasard l'a placé sont ordinairement plus fortes que l'homme. L'enseignement des colléges, alors comme aujourd'hui, se composoit en grande partie de faits antérieurs au christianisme, de notions empruntées à la brutale philosophie des païens, de mensonges pompeux qui donnoient à des frénésies absurdes tout l'attrait de la vertu et tout l'éclat de la gloire. Cette génération avait été nourrie, comme l'élève du Centaure, avec la moelle des bêtes sauvages; il ne faut pas s'étonner qu'elle en ait eu la férocité. C'est ainsi qu'à nous autres enfants perdus des écoles d'Athènes et de Rome s'étoit fait connoître la liberté, sous l'aspect de l'adorable furie de Corneille. Joignez à ce malheur radical d'une instruction abusive, diamétralement détournée de son but moral par l'ineptie et la présomption des faux sages, la contagion des premiers exemples, l'ascendant des premier sentiments, l'irritation des premières douleurs ; et félicitez le jeune homme à l'âme robuste qui a pu s'armer à travers tant de périls des forces d'une raison prématurée. Celui-là trouve le port avant le temps, et se réfugie dans un calme assuré que ne troubleront plus les orages du monde. Il n'en étoit pas ainsi de nous, adeptes insensés d'une histoire idéalisée par les sophistes, et d'un scepticisme anti-social qui avoit faussé tous nos jugements. Entraînés par la foule dans la voie fallacieuse où les nations se perdoient, nous estimions les actions au taux de la vigueur et du courage, et le crime lui-même nous faisoit tressaillir d'enthousiasme quand il avoit puni le crime. Déchus de notre âme que nous avions presque volontairement abdiquée, nous ne savions mettre à sa place que l'instinct et la logique des lions.

Julie étoit partie depuis long-temps. Elle suivait B..... et Championnet à la conquête de l'Italie, et rêvoit sans doute à Charlotte Corday dans la ville de Lucrèce, de Porcie et d'Épicharis. J'y rêvois aussi dans la mélancolie amère de ma solitude, en suivant du regard comme Macbeth un poignard qui marchoit devant moi. Six ans après la mort de cette noble vierge que notre imagination avoit sanctifiée, je réalisois un projet puéril que ma pensée entretenoit depuis long-temps au nombre de ses plus agréables chimères. J'étois à Paris, où je n'avois rien à faire, car je croyois fièrement mes études finies, et j'y occupois la chambre de Charlotte Corday, rue des Vieux-Augustins, *hôtel de la Providence.*

La chambre de Charlotte Corday étoit tout au plus un méchant bouge méchamment garni au quatrième étage d'une masure, et l'on y parvenoit par un escalier si obscur et si délabré qu'il falloit quelque résolution pour s'y engager la nuit; mais cela m'était indifférent, parce que je n'en sortois pas. L'ameublement de cette pièce répondoit complétement, je le répète, à la disgracieuse apparence du local. Son principal ornement consistoit dans une vieille couchette, dont les rideaux de serge verte, fort éraillée et fort poudreuse, s'ouvroient à l'ancienne manière en glissant sur une tringle de fer, mais se rattachoient de jour avec une mesquine élégance, par des manchettes de la même étoffe, à deux colonnettes vermoulues.

Près de là étoit une petite table de sapin assez grossièrement faite, et chargée de quelques larges gouttes d'encre qui devoient être tombées de la plume de Charlotte Corday; car il n'y avoit guère moyen de supposer qu'une autre personne lettrée eût jamais occupé ce taudis réservé à la dernière classe des voyageurs. Une haute chaise à long dossier, couverte de velours d'Utrecht d'un jaune sale et à demi défoncée, complétoit cette chétive décoration. La mère Graulier, l'ancienne hôtesse de *la Providence*, étoit morte depuis deux ans; mais je m'étois convaincu de l'identité de ces précieuses reliques par le témoignage de Pierre-Francois Feuillade, honnête et respectable vieillard, qui avoit été l'associé des Graulier dans leur industrie avant de tenir cet hôtel-garni à son compte, et qu'on appeloit plus communément *le maître d'école*, parce qu'il avoit exercé cette honorable profession, dont il conservait d'ailleurs la tenue posée et l'élocution sentencieuse. — Charlotte Corday avoit respiré l'air que je respirois; elle avoit écrit sur cette table; elle s'étoit reposée sur cette chaise; elle veilla sur ce grabat pendant trois nuits solennelles à invoquer sa Némésis. Tout ce qui m'entouroit étoit plein de son souvenir, et pour ainsi dire de sa présence. J'étois heureux, si heureux qu'il me paroît difficile à comprendre aujourd'hui qu'un cœur mortel ait pu contenir une joie semblable à la mienne.

Je passai trois semaines dans cet état, ravi du sort que je m'étois fait, quoique excédé de maladie et de fatigues morales. Mes nerfs se tordoient, ma tête bouillonnoit comme un métal en fusion. Une fièvre ardente brûloit mon sang. Un jour que j'avois passé tout entier dans mon lit sans songer à demander des aliments, le maître d'école inquiet monta le soir à mon grenier, sa chandelle à la main, pour s'informer de mes besoins, et pour savoir peut-être où en étoit ma raison, qu'il n'avoit pas lieu de croire fort saine. Après un mot de remercîment et de refus, je l'engageois à s'asseoir. Il me salua et s'assit.

— N'est-ce pas vous, Pierre-François, lui dis-je, qui avez conduit mademoiselle d'Armans au Palais-Royal dans la matinée du 12 juillet 1793?

Pierre-François me répondit de la tête par un signe affirmatif, et je continuai :

— Quoique le trajet de la rue des Vieux-Augustins au Palais-Royal ne soit pas long, un homme d'une intelligence aussi éclairée que la vôtre ne put l'accompagner jusque-là, si je ne me trompe, sans chercher à approfondir les idées étranges qui occupoient cette jeune fille, et qui devoient se trahir dans ses regards, dans ses paroles, dans ses gestes, dans sa démarche, car il ne pouvoit rien se trouver de vulgaire en Charlotte Corday, et cela ne vous a pas échappé ?

— Non, monsieur. On m'a fait la même question au tribunal, et je vais y répondre de la même manière. Je la précédois avec émotion, je me retournois souvent pour la voir, et je la voyois avec douleur; je souffrois pour elle, comme si elle avoit été de ma famille; et pourtant les conjectures que je formois sur son dessein étoient bien éloignées de la vérité! Comme elle étoit admirablement belle, et faite pour inspirer l'amour à quiconque l'auroit vue, cette promenade clandestine au Palais-Royal où elle m'avoit prescrit de la laisser, me parut le premier pas de la débauche et de la prostitution.

— Comment, misérable, m'écriai-je, vous avez osé arrêter cet infâme soupçon sur Charlotte Corday ? Vous me faites horreur !

— Il paroît, reprit le maître d'école sans rien perdre de son inaltérable tranquillité, que monsieur n'est pas fort indulgent pour les femmes perdues, ou qu'il pousse loin l'indulgence pour les assassins. Je partage bien le juste dégoût que lui inspirent ces misérables créatures qui trafiquent de quelques vains charmes corporels à l'éternel préjudice de leur âme ; et cependant, à tout considérer, je me sens touché de plus de compassion pour la malheureuse qui flétrit sa vie que pour celle qui la ravit à son semblable.

— A son semblable, je le veux bien ; mais Marat n'étoit le semblable de personne. C'est un monstre qu'elle a tué.

— Marat était un monstre, il n'y a pas de fait mieux établi, mais il n'étoit pas permis de l'assassiner. La vie d'un monstre puissant est une grande calamité pour les nations, mais la vie d'un monstre appartient à Dieu.

— Pouvez-vous douter, bon homme, que

Dieu lui-même ait dirigé le bras de Charlotte Corday?

— Dieu ne dirige pas le bras des meurtriers, je vous prie de le croire, monsieur. Dieu n'a donné à qui que ce soit le droit de tuer, pas même au bourreau.

— Je n'ai pas plus de confiance que vous à la justice des hommes, et je suis ici de votre avis. C'est pour cela que je réclame les priviléges de la défense légitime en faveur des opprimés. Quand le tranchant de la guillotine devient un horrible jouet dans la main des scélérats, que restera-t-il, je vous le demande, à l'innocence et à la vertu, si ce n'est la pointe du stylet?

— Quelque chose encore, monsieur: la résignation, l'espérance et la foi. — Quelque chose de plus, l'avenir et Dieu.

Pierre-François reprit son chandelier de cuivre, parut attendre un instant mes ordres, s'inclina et sortit.

Cet entretien apaisa ma tête et mon cœur. Ma nuit fut caressée par quelques songes doux qui avoient long-temps déserté mon oreiller. Le lendemain je me réveillai plus calme, et je quittai le jour même l'hôtel de *la Providence*, en promettant à Pierre-François de venir le revoir souvent.

Deux mois après il se mit au lit pour mourir; et, comme il ne se connoissait que des parens suffisamment aisés, il légua son bien aux pauvres.

Il faut que la vérité soit une chose bien précieuse en elle-même, puisque les erreurs généreuses des âmes pures sont presque aussi fatales à l'humanité que le crime, qui est une erreur des méchans. Donner trop de crédit à un attentat magnanime, c'est ouvrir la porte à tous les autres. Laissez à la conscience privée le jugement des actions extraordinaires qui semblent satisfaire à la justice, mais qui répugnent cependant à la morale universelle; tressez des couronnes pour les vertus naturelles et humaines qui améliorent le sort des peuples, si vous pensez que la vertu a besoin de couronnes, et n'en attachez plus aux poignards. Les Brutus et les Cassius que Charlotte Corday alloit chercher aux Champs-Élysées (pauvre fille toute romaine qui ne reconnoissoit de héros que les héros de sa république, et de dieux que ses dieux) n'étoient, en réalité, que des furieux qui avoient poussé à sa dernière expression le délire du sophisme. Dieu, qui peut retirer la vie du sein de l'homme par un seul acte de sa volonté, n'a pas fait mourir Caïn, qui avoit fait mourir son frère; et vous, dont les lumières imparfaites suffisent à peine à distinguer le bien du mal, vous tuez!

Respect au sang humain! c'est le signe auquel deviendront enfin sensibles les progrès si vantés de la civilisation.

Une nation où le meurtre est regardé comme droit, comme légalité, comme héroïsme, n'a rien qui l'élève au-dessus des cannibales.

P. S. J'avois achevé la copie de ce fragment quand j'ai appris que la femme excellente dont il y est fait mention sous le nom de Julie existoit encore. Je n'aurois certainement jamais pensé à le publier si de faux renseignemens ne m'avoient fait croire pendant plusieurs années qu'elle n'étoit plus. Cependant je n'y change rien, quoiqu'il puisse offrir çà et là quelques traits d'une présomption qu'elle reprochoit à mon enfance, et dont le temps auroit dû me corriger; mais si ces pages viennent à tomber dans ses mains et à faire jaillir mon nom oublié d'une des cases de sa mémoire, elle ne verra peut-être pas sans intérêt les souvenirs d'une amitié de quarante ans, dont l'impression a conservé dans la mienne tout son charme et toute sa fraîcheur. Il y a dans ce retour de la pensée vers les jours les plus gracieux de la vie quelque chose de divin qui ressemble à une possession anticipée de la résurrection; et je n'ai pu résister à l'innocente joie de revivre un moment encore dans mes rêveries de vieillard au milieu des plus vives sympathies de mon jeune âge.

SAINT-JUST ET PICHEGRU.

SAINT-JUST ET PICHEGRU.

§ I.

Je suppose en commençant[1], et il y a un peu de témérité à moi, qu'on n'a pas encore oublié l'élève d'Euloge Schneider s'essayant à Strasbourg à la double étude de la langue grecque

---

[1] Je ne le supposerois plus. Ces pages ont été écrites il y a dix ans, pour faire suite à un livre qui est aujourd'hui oublié.

et de la politique expérimentale, ou plutôt dévorant avec impatience les ennuis de son oisiveté, car la catastrophe imprévue de mon professeur m'avait laissé à l'alphabet. Quoique je ne fusse guère à portée d'apprécier les étranges événemens qui se passoient sous mes yeux, je ne pus me défendre d'y prendre quelque intérêt pour occuper le vide de mes longues journées; et ma mémoire a conservé de cette époque des notions plus distinctes et plus vives que celles qui me restent de mon âge fait. Je ne saurois dire cependant si elles sont de nature à produire sur les autres l'effet qu'elles produisent encore sur moi quand la liaison de quelques idées rêveuses les retrace à mon esprit; car il est probable que je n'ai pas cessé de les juger sur les sensations hyperboliques d'un enfant qui n'avoit rien vu, et le genre de ces impressions peut me tromper sur leur valeur. J'ai imaginé toutefois que mes souvenirs pourroient se sauver dans la foule à la faveur de quelques noms historiques dont ils sont marquetés par hasard. Mais il faut les reprendre d'un peu plus haut que l'événement qui changea les lauriers de Schneider en cyprès, pour me servir d'une expression qui lui fut depuis empruntée par Carrier, c'est-à-dire, du temps de ses tragiques excursions à la suite de nos armées victorieuses.

Parmi les grands procès politiques qui se succédoient incessamment devant les deux commissions révolutionnaires, il s'en étoit trouvé un qui avoit excité en moi une profonde sympathie. C'était celui de l'adjudant-général Charles Perrin, attaché quelques mois auparavant à la garnison de Mayence, et rentré depuis peu dans l'intérieur sous le poids d'une accusation capitale. Deux officiers supérieurs, nommés Mainoni et Vilvotte, l'accusoient d'avoir provoqué les assiégés à déployer le drapeau blanc et à reconnoître solennellement la dynastie détrônée par le 10 août. Heureusement pour lui, le prévenu s'étoit dérobé comme par miracle aux conséquences infaillibles de ce crime attesté par deux ennemis. Il n'en falloit pas tant, et il venait d'être condamné par contumace.

Je connoissois Charles Perrin, autant qu'un écolier de douze ans peut connoître un général qui en a vingt-huit. C'étoit un beau et doux jeune homme, extrêmement versé dans la connoissance des langues et dans les sciences mathématiques. Destiné d'abord aux missions étrangères, il avoit visité une partie de l'Orient, et parloit de ses pérégrinations lointaines avec une poésie d'expressions qui charmoit déjà mon oreille avant de se faire sentir à mon intelligence. La révolution l'avoit ramené en France, et, comme la plupart des jeunes gens qui éprouvoient le besoin de se faire une destinée supérieure au vulgaire, il s'étoit empressé d'en adopter les principes avant d'en calculer les résultats. Soldat, puis sergent, puis en peu de mois officier au premier régiment d'artillerie, et par-dessus tout cela orateur élégant, saisissant et populaire, dans un temps où l'on pouvoit parvenir à tout par la parole et par l'épée, il avoit suivi dans son avancement le rapide essor de Pichegru, son frère de cœur et d'armes. Tous deux étoient les meilleurs amis de mon père, et j'avois plus d'une fois joué fièrement avec leurs épaulettes et leur ceinturon.

Le premier régiment d'artillerie se souvenoit de Charles Perrin avec une espèce d'orgueil. La société populaire ne l'oublioit point. Des commissaires extraordinaires furent mandés de Besançon à Strasbourg pour le défendre et le réclamer ; ils arrivèrent au moment où l'on clouoit l'écriteau du contumace aux poteaux de la guillotine.

Mes compatriotes se compromirent par quelques paroles hardies. Ils devinrent suspects, et quand on étoit suspect on étoit proscrit.

Je logeais encore chez madame Teutch, la bonne hôtesse de *la Lanterne*, mais je sortois de très-bonne heure, et je ne rentrois ordinairement qu'assez tard. Mon père avoit sagement pensé que la fréquentation d'un homme de bien qui lui étoit connu, vaudroit mieux à mon inexpérience que la société équivoque des tables d'hôte, et je passois mes journées presque tout entières chez un honnête Franc-Comtois qui avoit une famille aimable, des livres instructifs et une excellente conversation. Le plus heureux hasard de ma vie m'y donna un ami. M. Guenot, qui m'accordoit cette gracieuse hospitalité, avoit été chef de bataillon de volontaires, et il étoit entré de là dans l'état-major d'un illustre général que la rapide vicissitude des péripéties révolutionnaires venoit de faire passer des honneurs du commandement aux angoisses de la proscription, ou du moins à la nécessité de se défendre et de se justifier, s'il obtenoit d'être entendu. Son fils s'étoit rendu à Strasbourg pour y recueillir les pièces les plus propres à jeter une incontestable clarté sur des opérations militaires qui n'avoient pas toujours été heureuses, mais que la loyauté connue du général auroit dû placer au-dessus de tous les soupçons. M. Guenot, témoin oculaire ou confidentiel de tous les faits, étoit plus à portée que personne de le seconder dans ces investigations, et il résulta de leurs recherches un corps de documens si prolixe que toute notre assiduité à la transcription des pièces ne put mener ce travail à fin en moins de trois semaines. Ce furent là des soins cruellement trahis par l'événement. L'énorme dossier resta inutile entre les mains du général, devant un tribunal féroce qui prenoit à peine le temps de vérifier l'identité des accusés, et qui envoya cette grande victime à l'échafaud, le 23 juillet 1794, peu de jours avant la chute de Robespierre.

On a probablement deviné dans le jeune ami que mon zèle m'avait acquis Eugène Beauharnais, depuis vice-roi d'Italie et prince de Leuchtenberg ; et il daigna me conserver quelques souvenirs dès lors, jusque dans la haute position où la destinée l'avoit porté. Son nom sera tout à l'heure entièrement étranger à ma narration, si les causeries où je me plais méritent ce titre magnifique ; et je dois même convenir qu'il n'y a pris place qu'à la faveur d'un épisode insignifiant et superflu ; mais, dans la carrière que je parcours, et obligé de revenir à tout moment sur les traces d'une vie obscure, ma vanité se laisse aller malgré moi au plaisir d'en relever l'importance par quelques illustrations.

Eugène n'avoit pas deux ans et demi de plus que moi ; mais une organisation fort précoce et l'habitude d'une société élevée lui donnoient, même sur les jeunes gens de son âge, des avantages immenses que j'étois loin de racheter tout-à-fait par des études un peu plus fortes. Ce qui me valoit auprès de lui le privilége d'une intimité presque fraternelle, c'étoit donc de son côté une condescendance pleine de charmes qui tenoit également de la politesse de ses manières et de la bienveillance de son cœur; du mien, c'était le profond dévouement avec lequel je m'étois engagé dès le premier abord dans les intérêts de sa piété filiale. Aussi nous nous quittions à peine, et j'avais part à ses distractions comme à ses travaux. Une partie de nos soirées se passoient chez d'aimables marchandes de modes de la rue de la Mésange, où il se fournissoit tous les jours de nouveaux rubans et de nouveaux chiffons pour sa sœur Hortense, mais sans préjudice de l'attrait d'une autre nature qui auroit soumis les âmes les plus insensibles aux doux et bleus regards de la petite Henriette Carle, la plus jeune de ces demoiselles; séduction délicieuse que je ne subissois pas encore, mais que je comprenois déjà. Eugène la comprenoit mieux.

D'autres fois les dernières heures de la journée s'écouloient au spectacle, impression presque aussi nouvelle, mais beaucoup plus intelligible pour moi. Hélas! qui me rendra la moindre des idées solides et utiles que j'ai oubliées, au prix de tant de réminiscences frivoles que mon esprit s'étonne de conserver encore! Il n'y a pas un des acteurs, il n'y a surtout pas une des actrices de la troupe de Bergère dont le nom soit sorti de ma mémoire; et je doute fort qu'il reste à Strasbourg un vieil amateur qui se rappelle avec autant de vivacité la basse-taille robuste du gros Allan, et le jeu piquant et spirituel de Bergère lui-même, comique exquis de l'école de Dazincourt, que les habitués regrettoient amèrement de voir détourné de la carrière du théâtre par les soins périlleux de l'administration départementale.

Le jour auquel m'a conduit ce récit de peu de valeur, qui n'a de grâce et d'intérêt que pour moi, l'ennemi avoit tenté une diversion étourdie à la tête du pont de Kelh. La garde nationale venoit de le repousser en désordre, au prix de grands et sanglans sacrifices; et le canon grondoit toujours que la salle du Breuil étoit déjà pleine. On jouoit *Brutus*, et le rôle de Titus étoit rempli par un jeune acteur assez remarquable, qui étoit frère de Mademoiselle Fleury, célèbre alors au Théâtre-Français, et qui portoit le même nom. Fleury avoit eu le bras traversé par une balle dans l'escarmouche de la soirée, et le tenoit suspendu sur une écharpe noire, quand il fit son entrée de la première scène du second acte, aux applaudissemens frénétiques de la multitude. Ce fut bien autre chose lorsqu'il parla de ces arcs triomphaux élevés à sa gloire, et sous lesquels le peuple l'attendoit pour renouveler des sermens solennels à la liberté. Je doute que Titus lui-même eût été accueilli au Forum par de plus bruyantes acclamations. Les allées et venues des citoyens inquiets qui alloient prendre au-dehors des renseignemens sur la situation des troupes, et qui les jetoient de temps à autre au public dans les deux langues du pays, l'attitude calme et cependant martiale des auditeurs qui prêtoient une attention alternative à l'action de la scène et aux nouvelles de l'extérieur ; l'explosion des cris de combat et de gloire qui se mêloient à chaque minute aux vers bien moins éloquens du poëte tragique, tout contribuoit à donner à cette représentation étrange une apparence de vérité poussée jusqu'à l'illusion. Je ne cessois de me demander si ces événemens se passoient à Strasbourg ou à Rome, et si c'étoit les bords du Tibre ou ceux du Rhin que menaçoit l'agression audacieuse de l'étranger.

Les émotions de la seconde pièce furent plus violentes encore. Alors nous n'étions plus ni à Strasbourg ni à Rome; nous étions certainement à Sparte, et j'aurois peine à vous le faire croire si vous saviez comme moi qu'il s'agissoit seulement de la première représentation locale d'une idylle égrillarde et presque obscène de ce bon M. Demoustier, dont votre nourrice vous a peut-être fait épeler les *Lettres* classiques *sur la mythologie*. Cette guenille dramatique s'appelait *la Jambe de bois*. A peine descendu, le rideau se releva, et Fleuri, qui venoit recueillir encore une fois les hommages du parterre, annonça d'un ton noble et pénétré que madame Fromont, qui devoit remplir dans l'ouvrage nouveau l'unique rôle de femme, ayant perdu son père et son mari, tués quelques heures auparavant à la défense du pont de Kehl, l'administration prioit le public de se contenter en remplacement, du petit opéra de *Rose et Colas*, pour lequel j'aurois volontiers donné, si on avoit pris mon avis, tout le théâtre de M. Demoustier, et les cinq volumes de ses maussades madrigaux à Émilie par-dessus le marché. Madame Fromont étoit une petite comédienne qui avoit une peau bise fort appétissante, un œil brun et luisant, une voix juste et perlée, quelque peu d'esprit et beaucoup d'âme. L'assentiment fut unanime ou presque unanime, et Fleuri se retiroit déjà quand un homme assis au balcon témoigna qu'il vouloit parler. C'était un de ces jacobins aux couleurs décidées que Saint-Just avoit récemment éliminés de la société populaire, et qui balançoient encore, tout vaincus qu'ils étoient, le pouvoir du dictateur conventionnel. « C'est Tétrell, Tétrell, l'ami du peuple, la terreur des aristocrates et le Démosthène de la propagande! c'est Tétrell! » répétèrent mille voix; et la foule se tut. Tétrell était en effet un homme disert, qui cachoit peut-être ses opinions et son nom lui-même sous les dehors d'un patriotisme âpre et sauvage. Plus recherché dans sa toilette que le reste de ses pareils, il étaloit sans crainte sur ses vêtements le maroquin, la soie et l'or; son sabre et ses pistolets, qui ne le quittoient jamais, étoient des armes de prix, et on parloit à Strasbourg de ses chiens et de ses chevaux.

Cet homme avoit inventé le luxe du *sans-culotisme*. Cependant rien ne se remarquoit davantage dans sa physionomie hâve et sinistre que la protubérance incommensurable d'un nez géant qui la couvroit tout entière, et qui avoit fait dire à Saint-Just, au milieu d'un accès de terrible gaîté, un jour que Saint-Just rioit : « Délivrez-moi de Tétrell ; le nez de Tétrell me porte ombrage. »

Tétrell était debout. Son sabre pendoit hors du balcon et le battoit de son fourreau d'acier. Il frappa du poing sur la banquette de la galerie, et s'écria d'une voix colère : « Est-ce devant des républicains qu'on ose se couvrir d'une si lâche excuse? Vous confondroit-on, citoyens, avec ces chiens esclaves de l'autre rive qui s'époumonent à hurler des *Libera* quand nous les avons fouettés? Deux hommes sont morts pour la patrie! gloire immortelle à leur mémoire ! Les femmes de Lacédémone se paroient de leurs habits de fêtes quand leurs pères, leurs maris ou leurs enfants étoient tombés sur le champ de bataille. Celle-ci est jolie, les amants ne lui manqueront pas. Tous les beaux garçons de Strasbourg ne sont pas morts au pont de Kehl. Quant à son père, il n'y a pas un vieux patriote qui ne réclame l'honneur de lui en tenir lieu. N'espère donc pas nous apitoyer sur le prétendu malheur d'une citoyenne favorisée par le destin des combats, qui vient d'acquérir d'un seul coup de canon une couronne pour sa dot, une couronne pour son douaire, et un grand peuple pour sa famille. Va lui dire de paroître, va lui dire de chanter. Dis-lui surtout de nous épargner ses larmes. C'est aujourd'hui un jour de victoire, et les larmes sont aristocrates. »

Un instant après la pièce commença, et le colin de la troupe roucoula d'une voix flutée ces paroles niaises :

> Jeunes amants, cueillez des fleurs
> Pour le sein de votre bergère ;
> L'amour, par de tendres faveurs,
> Vous en promet le doux salaire...

L'effet de ce contraste bizarre étoit tel en action que je ne me flatte pas de l'avoir fait passer dans un récit. Qu'on se représente des pastoureaux arcadiens modulant sur leurs chalumeaux des cadences efféminées pour faire danser des sauvages à la fin d'un banquet sanglant, ce sera tout au plus cela. Les folâtreries déchirantes de madame Fromont furent passionnément applaudies; mais qu'elles me donnoient de peine à voir! que le rire de ses lèvres était triste sous les larmes intarissables qui baignoient ses yeux! Qu'elle étoit horrible pour l'âme la note vive et badine qui se perdoit dans un sanglot! Il y a une scène où la jeune fille se remet en voyage, accompagnée d'un amant, pour aller à la recherche de son père qui s'est égaré dans la montagne. Elle est sûre de le retrouver, elle l'appelle, elle lui sourit déjà. Cette situation est douce et gaie. La pauvre femme tomba mourante dans la coulisse, et nous en fûmes avertis par un cri. Les crimes de cette république furent exécrables, mais je ne me rappelle rien de plus révoltant que ses joies.

Nous n'y tenions plus. Nous gagnâmes le Breuil, Eugène et moi, et nous nous y promenâmes long-temps à pas précipités, sans échanger une parole. Il n'en étoit pas besoin : nous nous étions assez entendus.

Un moment après nous nous serrâmes la

main à l'ordinaire, en nous ajournant au lendemain. Le lendemain je ne le revis pas ; je ne le revis plus, ou ne le revis que sur un trône, et on pense bien que je n'essayai pas d'en franchir les barrières. Seize ans après j'obtins à mon passage en Italie de visiter les jardins d'une magnifique *villa* où il aimoit à faire son séjour dans les courts instants de repos que lui laissoient les affaires du gouvernement et les travaux de la guerre. Il étoit appuyé contre une des croisées du palais; il descendit, et parcourut deux fois seul toute la longueur de la terrasse, en promenant un regard distrait sur les curieux. Ce moment est le seul de ma vie où j'aie senti mon cœur murmurer contre les hasards de la fortune ; Eugène étoit là, mais Eugène vice-roi, et je n'essayai pas de ranimer dans sa mémoire un souvenir évanoui ; s'il m'avoit reconnu, hélas! je ne l'aurois pas embrassé!

Madame Teutch m'attendoit dans ma chambre avec une grande émotion dont je fus longtemps à deviner le motif, car les vingt ou trente mots françois qu'elle avoit saisis à la volée dans la conversation des voyageurs se trouvoient, par je ne sais quel fâcheux hasard, les plus hétéroclites de la langue; et comme elle étoit obligée de s'en servir pour rendre toutes les combinaisons de sa pensée, qui étoit extrêmement mobile, elle en varioit le sens et les acceptions d'une manière si bizarre que le commentateur de Lycophron y auroit perdu son grec. Après avoir essayé inutilement des traductions sans nombre, je parvins enfin à m'aviser de la véritable, et à savoir assez nettement ce qu'elle étoit si pressée de m'apprendre. J'ai dit que les commissaires envoyés de mon département à la défense de Charles Perrin n'avoient pas reçu sans irritation la nouvelle de son jugement. Leurs plaintes et leur colère, très-naturelles sans doute, mais qui ne pouvoient se manifester sans une extrême imprudence, n'avoient pas échappé long-temps à la surveillance de lynx des familiers de la propagande, et on étoit venu pour les saisir dans cet hôtel qu'ils habitoient comme moi. Heureusement pour eux un avis officieux qui leur étoit parvenu quelques heures auparavant les avoit décidés à se mettre en mesure de partir, et, leur compte réglé, madame Teutch ignoroit complétement ce qu'ils étoient devenus. Ce qui affligeoit le plus cette digne femme, c'est que je paroissois être l'objet des mêmes recherches, puisque les sbires révolutionnaires s'étoient informés de moi et avoient fait main basse sur mes papiers. « Je ne crains rien de mes papiers, lui dis-je en la rassurant, pourvu qu'on ne les perde pas; car j'aurois bien de la peine à retrouver dans ma mémoire les quatre cents premiers vers de ma tragédie de *Théramène*, qui sera un fort bel ouvrage. Quant à la conjugaison du verbe *tupto*, si je ne la savois par cœur d'une manière imperturbable, je la reprendrois dans mes rudiments. Ma personne ne court pas plus de danger. Le Code pénal est très-précis, comme vous le savez, sur l'âge requis pour la guillotine. Il est vrai que l'on coupe le cou à bien des gens qui sont, ainsi que moi, *sicut infantes* devant Dieu, mais qui n'ont pas l'avantage d'en faire foi par leur extrait de baptême, et j'ai quatre bonnes années de répit pour prendre mes précautions. Au reste, le représentant Saint-Just, indigné avec raison des attentats de la même nature qu'on exerce tous les jours à l'égard des voyageurs, a défendu, par une résolution datée d'hier, et que j'ai lue placardée sur toutes les murailles, qu'on mît à l'avenir aucun mandat d'arrêt à exécution, quel que fût le magistrat qui l'auroit décerné, avant qu'il eût pris communication des pièces et interrogé le prévenu. Ce sont ses propres paroles, et je ne connois personne à Strasbourg, pas même le citoyen Schneider, qui se croie la tête assez ferme sur les épaules pour oser enfreindre sa volonté. Vous pouvez donc dormir en paix, ajoutai-je en l'embrassant, et je me propose d'en faire autant. »

Je me couchai en effet fort tranquillement, je dormis de même jusqu'au matin, et je fus arrêté à six heures.

Comme on vient de le voir, j'avois prévu fort vaguement ce qui m'arrivoit, mais de manière à ne pas m'en effrayer. C'était le pis-aller d'une erreur incroyable dont rien ne me faisoit redouter les conséquences, car j'étois bien sûr que mon innocente vie d'écolier ne donnoit pas la moindre prise au soupçon; et cependant je sentois mon calme s'altérer à chaque pas que je faisois au milieu d'une escorte d'ailleurs assez peu rassurante. J'allois voir

Saint-Just, ce terrible Saint-Just dont le nom n'avoit jamais frappé mon oreille qu'entouré d'un cortége d'épithètes menaçantes. Mon cœur battait violemment, et je sentois mes jambes près de défaillir, quand j'entrai dans son cabinet. J'essayai alors de maîtriser mon émotion, et je me retrouvai un peu de courage, ce courage factice et mal mesuré qu'on affecte à défaut d'un autre, et qui, pour les gens qui s'y connoissent, n'est en réalité que le fard de la peur. Saint-Just ne prit pas garde à moi.

Il me tournoit le dos, et se miroit dans la glace de sa cheminée, en ajustant avec un soin précieux, entre deux girandoles chargées de bougies, les plis de cette haute et large cravate dans laquelle sa tête immobile était exhaussée comme un ostensoir, suivant l'expression cynique de Camille Desmoulins, et que l'instinct d'imitation des étranges petits-maîtres du temps commençoit à mettre à la mode. Je profitai du temps que cela dura, et qui paroîtroit bien long, si je le mesurois à mon impatience et à mon inquiétude, pour étudier dans le reflet du miroir la physionomie du juge suprême qui alloit décider de mon sort ; je me livrai à cet examen sans craindre que mes regards fussent rencontrés par les siens, car j'étois dans l'ombre, et il ne regardoit que lui. La figure de Saint-Just étoit bien loin d'offrir cette gracieuse combinaison de traits mignards dont nous l'avons vue dotée par le crayon euphémique d'un lithographe. Il étoit bien, cependant, quoique son menton ample et assez disproportionné eût quelque obligation à l'étoffe complaisante qui l'enveloppoit à demi de ses détours multipliés. L'arc de ses sourcils, au lieu de s'arrondir en demi-cercles unis et réguliers, se rapprochoit plutôt de la ligne droite, et ses angles intérieurs, qui étoient touffus et sévères, se confondoient l'un avec l'autre à la moindre pensée sérieuse qu'on voyoit passer sur son front; son œil était large et habituellement pensif, et son teint pâle et grisâtre, comme celui de la plupart des hommes actifs de la révolution, ce qui étoit probablement en eux l'effet des veilles laborieuses et des rigoureuses contentions d'esprit. Seulement, et je ne me suis rappelé cette observation de détail qu'en feuilletant depuis les systèmes des physionomistes, ses lèvres molles et charnues indiquoient un penchant presque invincible à la paresse et à la volupté. S'il l'avoit éprouvé, ainsi que nous donne lieu de le croire tout ce que nous savons de sa première jeunesse et tout ce qui nous reste de ses premiers écrits, il en avoit triomphé avec une rare puissance, du moment où sa vie étoit devenue un rôle; et rien n'explique mieux, peut-être, l'incohérence de ses théories philantropiques et de ses frénésies révolutionnaires. L'homme qui se croit obligé de se créer un caractère nouveau pour des circonstances antipathiques à sa nature, ne peut pas éviter de tomber dans le faux, et le faux est le principe générateur de tous les crimes, comme de toutes les erreurs.

A l'instant même dont je parle, Saint-Just étoit nécessairement préoccupé de tout autre chose que de sa cravate. Un jeune homme, qui étoit assis près de lui, à une table éclairée de deux flambeaux, suffisoit à peine à suivre sa dictée rapide et presque brutale, où toutes les idées se mouloient d'un jet. Une autre phrase étoit déjà tombée à son oreille avant qu'une autre feuille se fût placée sous sa main, et cela se répéta plus de vingt fois pendant que j'attendois, chacune de ces phrases laconiques, où l'on auroit cherché inutilement un membre de période ou un signe de ponctuation, demandant une feuille particulière. Ces feuilles passoient ensuite par douzaine dans le cabinet du traducteur allemand, qui en finissoit aussi expéditivement, s'il est possible, et alloient se distribuer en deux colonnes sous une presse infatigable qui livroit ses produits tout humides aux afficheurs. Ce que Saint-Just improvisoit ainsi en entrelaçant artistement les nœuds du madras aux bouts flottants, c'étoit des lois irrévocables ou des jugements sans appel ; car telle étoit la véritable valeur des arrêtés d'un représentant du peuple en mission dans une ville assiégée ; souverain temporaire, mais absolu, qui promenoit son glaive sur les populations, comme le faucheur sur l'herbe mûre, et qui ne devoit compte du sang de personne à personne qu'à Dieu, quand il croyoit à une religion, et qu'à lui-même, quand il avoit une conscience. Je suis loin de contester l'importance des services que put rendre alors la rigide sévérité de Saint-Just à des provinces envahies et à des armées en déroute, mais rien ne m'a jamais paru plus affreux que la concision insultante de ces proscriptions d'une ligne qui frappoient quelquefois d'un seul coup une classe entière de citoyens, soudaines, inattendues et mortelles comme la balle du pistolet dans la main de l'assassin ; je crois les entendre encore retentir dans le parler bref, sonore et vibrant de ce beau jeune homme que la nature avait formé pour goûter l'amour et la poésie ; je ne me rappelle pas sans tressaillir la redondance assidue de ce mot cruel : LA MORT, qui les armoit toutes à la fin comme le dard du scorpion, et qui produisoit sur moi l'effet de quelque horrible bout-rimé dont la désinence monotone et révoltante auroit été imposée par le bourreau.

Saint-Just étoit cependant venu à bout de sa toilette et de sa boucherie. Il se retourna de mon côté d'une seule pièce, l'échafaudage inflexible sur lequel reposoit sa tête ne lui permettant aucun mouvement oblique. Il s'informa du motif de mon arrestation, que je ne connoissois pas plus que lui, puis de mon nom, de mon pays, de mon âge. A ma dernière réponse, il s'élança brusquement vers moi, me saisit par le bras, et m'entraîna près des lumières, à la place où il étoit un moment auparavant. « Cela est vrai, dit-il, onze ou douze ans tout au plus. Il a l'air d'une petite fille. Tes parents sont-ils émigrés? — Non, citoyen, répondis-je, ils s'en gardent bien. Mon père préside un tribunal, et mon oncle commande un bataillon. » L'irritation de Saint-Just se manifestoit par des progrès visibles, mais je savois déjà que les résultats ne m'en seroient pas défavorables. Mon mandat d'arrêt ne contenoit rien qui me fût particulier. Motivé par l'explosion indiscrète des sentiments d'indignation que mes compatriotes avoient exprimés en apprenant la condamnation de Charles Perrin, il n'atteignoit en moi qu'un écolier franc-comtois logé comme eux à l'hôtel de *la Lanterne*, et qui les connoissoit peu, ou qui ne les connoissoit point. Je les avois à peine vus; et quoique sincèrement complice du crime de leurs regrets, je n'avois pas eu occasion de faire étalage de ma secrète pensée. Je la dévorois amèrement, au lieu de l'exhaler avec ces dignes citoyens en expansions inutiles. Destiné que j'étois dès-lors par quelque bienveillance de caractère à sympathiser toute ma vie avec les causes perdues, j'avois senti bouillonner dans mon cœur tout ce qu'il falloit de douleur et de colère pour me rendre digne de mourir avec Charles Perrin; mais mon cœur, témoin muet de ces mouvements, en connoissoit seul le mystère. Je me rassurai tout-à-fait.

« Un mandat d'arrêt contre un enfant! s'écria Saint-Just en froissant violemment le papier; un mandat d'arrêt, parce qu'il est Franc-Comtois, et que le hasard le fait loger dans une auberge où la propagande a signalé quelques voyageurs suspects! Et c'est ainsi que les misérables se flattent de faire adorer la Montagne! Oh! je ferai bientôt justice de ces attentats, qui mettent tous les jours en péril nos plus précieuses libertés! Une justice exemplaire et terrible! Ils osent me menacer quand je ne leur donne pas du sang! Eh bien! la propagande aura du sang; je lui en promets! je la baignerai dans le sang des nouveaux tyrans qu'elle déchaîne sur la patrie! »

Dans ce moment d'exaltation dont mon mandat d'arrêt n'étoit que l'occasion éloignée, mais où se révéloit malgré lui une animadversion profonde et cruelle contre les factieux, Saint-Just, ému au plus haut degré, n'avoit cependant presque rien perdu de son impassibilité extérieure. Sa main s'étoit crispée sur un chiffon insensible, mais sa figure étoit calme. Ce que je viens d'écrire en frémissant, il le disoit froidement comme s'il avoit dicté encore. Chose étrange ! une soif inaltérable de justice, un amour irrésistible de l'humanité, dominoient de temps en temps cette âme farouche, d'où tout sentiment de justice et d'humanité n'étoit pas sorti. Comme les autres, hélas! il savoit tuer sans pitié; mais en tuant, l'infortuné se faisoit sans doute illusion ; il croyoit être humain et juste. Le pouvoir est si malheureux ! toutes ses fautes sont des crimes!

« Va-t'en, continua Saint-Just en m'adressant la parole d'un ton qu'il cherchoit à adoucir. » Je ne demandois pas mieux !

« Que fais-tu à Strasbourg ? reprit-il en me rappelant de la porte dont j'hésitai un moment à franchir le seuil à la course. — J'étudie, citoyen. J'y suis venu, il y a quelques mois, dans l'intention d'apprendre le grec.

— Le grec! Il auroit été plus naturel, ce me semble, d'y venir apprendre l'allemand. — Et à quoi bon le grec, puisque les Lacédémoniens n'ont pas écrit? — Mais quel est donc le savant qui se mêle à Strasbourg de donner des leçons de grec?

— Euloge Schneider, citoyen, l'élégant traducteur d'Anacréon, un des premiers hellénistes de l'Allemagne.

— Le capucin de Cologne, s'écria Saint-Just! Euloge Schneider anacréontique! Va, va, continua-t-il avec un sourire d'ironie et d'amertume, va apprendre le grec d'Euloge Schneider. Si je croyois que tu dusses en apprendre autre chose, je te ferois étouffer. »

Je sortis, muni de mes papiers qui m'avoient été rendus au secrétariat. J'y retrouvai tout : les sages leçons de mon père, que je m'étois engagé à relire tous les jours, la note de mes effets, le petit carnet de mes dépenses, les quatre cents vers de ma tragédie de *Théramène*, et le verbe *tupto*. Comme je les compulsois précipitamment, une lettre tomba. Elle n'avoit pas été ouverte, et son enveloppe, qui portait le nom du général Pichegru, me rappela qu'elle devoit contenir des recommandations de ma famille, pour le cas où mes études seroient traversées par quelque circonstance inattendue. Je regardai cette rencontre fortuite comme un avertissement de la Providence. Mon interrogatoire dans le cabinet de Saint-Just, ou ma conversation avec lui, comme on voudra l'appeler, m'avoit donné à réfléchir. J'en tremblois encore de tous mes membres, quand madame Teutch vint me rejoindre dans ma chambre, aussi émue que moi, car elle n'imaginoit pas qu'on pût échapper si vite et si heureusement à un pareil danger, si ce n'est peut-être pour y tomber sans ressource une seconde fois. Je compris ses alarmes que je partageois de tout mon cœur, et je lui fis part de la résolution subite que le hasard venoit de m'inspirer. Elle l'approuva si vivement que je n'hésitai plus. Les portes de Strasbourg s'ouvroient à peine comme à l'ordinaire, au moment où le soleil levant d'hiver commence à briller en plein sur l'horizon, que j'étois déjà en route vers le quartier-général de l'armée, dans l'équipage leste et galant d'un écolier de bonne maison qui va passer les fêtes en vacances. L'état-major, repoussé d'abord jusqu'à Schilicheim, qui touche aux glacis de la ville, avoit depuis doublé cette distance jusqu'à Bichwiller, et puis il l'avoit encore doublée jusqu'à Hœnheim, où étoit sa dernière station, en attendant le nouvel événement de guerre qui lui permettroit d'empiéter plus avant sur l'ennemi. Le jour dont il est question, le premier boulevard de la France pouvoit communiquer avec ses défenseurs, comme Paris avec Vincennes, à toutes les heures de la journée. Le lecteur est donc sûr de m'accompagner sans fatigue dans mon odyssée militaire, dont la carte est fort étroite, ce qui ne m'empêche pas de réclamer toute son indulgence pour l'orthographe de ces noms de lieux que je n'ai lus de ma vie, et que je n'ai pas entendu prononcer depuis quarante ans. Le côté le plus extraordinaire d'une terminologie géographique qui remonte à ce temps-là, ce n'est pas que je tombe en l'écrivant dans quelques fautes ridicules qui ne tirent à conséquence que dans les livres de poste; c'est beaucoup en vérité, que je m'en sois souvenu.

§ II.

La dernière partie du chemin de Strasbourg
à Hœnheim étoit bordée par une assez large
avenue garnie d'arbres, et qui devoit offrir une
promenade agréable dans la belle saison. Ce
jour-là, qui étoit un des premiers de Nivose,
et des plus rigoureux d'un rigoureux hiver, le

tableau de cette nature dépouillée de tous ses ornements ne manquoit cependant pas d'un certain effet pittoresque. La neige, resserrée par un froid de dix-huit degrés, s'y dérouloit comme un tapis de velours blanc semé de paillettes, qu'on auroit étendu à dessein sous les pas des voyageurs; et les platanes, faciles à reconnoître à leur écorce lisse et rubanée, n'avoient pas un rameau qui ne fût chargé par les frimas de longs et tremblants cristaux comme un lustre d'opéra. J'aurois marché jusqu'au soir sans penser à autre chose; car, de toutes les rêveries qui ont occupé mon jeune esprit, il n'en est pas qui m'ait procuré des plaisirs plus gracieux que celles où le berçoit le spectacle des beautés naturelles. Il fallut cependant y renoncer, parce que je n'étois plus seul. Comme je ne me hâtois point, j'avois été joint par un cavalier qui s'avançoit nonchalamment au pas en fumant sa pipe, et que suivoient une vingtaine de soldats distribués en deux files sur les deux côtés de l'avenue. Cet officier m'étoit bien connu pour l'avoir vu quelquefois dans l'exercice de ses redoutables fonctions; c'étoit le citoyen Bruat, capitaine-rapporteur du conseil de guerre. Quant au citoyen Bruat, il n'avoit certainement jamais arrêté ses regards sur moi, et j'en ressentis une secrète joie dans l'éloignement philosophique et prudent que m'inspiroient toutes les puissances. Je n'en fus cependant pas quitte pour l'échange banal du salut militaire, et il me fallut répondre à une question assez insignifiante qu'il m'adressoit en passant par simple urbanité :

— Où je vais, citoyen ? à Hœnheim, au quartier-général de Pichegru. Je pense n'en être pas loin ?...

— A deux cents pas, répondit un jeune homme que je n'avois pas encore remarqué, et qui tenoit comme moi le milieu de l'avenue. Je vais aussi à Hœnheim, et si vous faites route avec nous, j'aurai le temps de vous demander des nouvelles du pays.

— De quel pays, citoyen ? répliquai-je en le regardant avec attention. Sa physionomie noble et douce en valoit la peine.

— Allons, allons, me dit-il, notre accent national ne se déguise jamais. Je suis Franc-Comtois comme vous, et je m'en fais gloire.

Je ne fus nullement piqué de cette manière un peu épigrammatique d'entrer en conversation. Je savois déjà que Théophraste avoit été reconnu pour Lesbien, à sa manière de parler, par une marchande d'herbes, après cinquante ans de séjour à Athènes.

Le citoyen Bruat continuoit à nous précéder, sans trop prendre garde à nous, en filant entre ses doigts sa moustache blanchie par le givre. Nous causâmes donc à cœur ouvert et à ma grande satisfaction, car mon compagnon de voyage étoit fort aimable, et sa conversation étinceloit d'esprit et de gaieté. Je commençois à éprouver un véritable penchant pour lui.

J'avois appris qu'il s'appeloit Bobilier, et qu'il étoit de Vesoul. Je voulus savoir s'il étoit attaché à l'administration ou à l'armée.

« Attaché, vraiment oui ! reprit-il en souriant, mais non pas à l'armée ni à l'administration. Si mon histoire vous intéresse, je ne vous en ferai pas un mystère, et votre rencontre m'est heureuse, puisqu'elle me fournit un moyen sûr de laisser quelques renseignements sur ma destinée à ma famille et à mes amis. C'est l'affaire de quelques mots. J'étois second lieutenant dans un régiment d'infanterie en garnison à Nanci. J'y fus pris d'un violent amour (vous ne savez pas ce que c'est) pour une jeune demoiselle noble qui me paya de retour. Ma famille valoit bien la siennne, mais elle n'étoit pas titrée, et c'étoit encore en 1789 un obstacle insurmontable au bonheur de deux êtres que la nature sembloit avoir faits l'un pour l'autre. La révolution éclatoit alors ; elle m'ouvroit une carrière brillante où je me serois peut-être jeté dans toute autre occasion, mais l'amour m'en détourna. La main de ma maîtresse étoit au prix de mon émigration, et, suivant le compte de ses parents, notre séparation ne pouvoit pas être de longue durée : la France entière attendoit le retour de ses princes avec tant d'empressement ! Quand on est amoureux, on croit tout ce que l'on désire, et j'étois amoureux comme un fou. Qu'ai-je besoin de vous en dire davantage ? Il fallut tomber dans le piége de l'espérance. J'émigrai.

— Parlez plus bas, interrompis-je à demi-voix; ce n'est pas ici le lieu de convenir de cela ! »

Il ne fit pas semblant de m'avoir entendu. « J'émigrai, continua-t-il. J'arrivai à Coblentz, où l'on s'informa de ma famille. Je montrai mon épée. On me rit au nez, et on me tourna le dos. Je n'obtins pas positivement le droit de servir le roi; je le dérobai. L'ennemi me tira du sang. Il en falloit pour laver mes humiliations. Je rentrai dans le monde le bras droit en écharpe; et si l'on y prit garde, ce fut pour remarquer que je ne serois pas de long-temps en état de tailler au vingt-et-un. De toutes mes illusions, il ne me restoit que l'amour, et l'amour suivit les autres : une lettre cruellement officieuse m'apprit que ma fiancée n'avoit pas eu la patience d'attendre le triomphe prochain de la monarchie; elle venoit de convoler en mariage avec un hobereau qui comptoit ses ancêtres par douzaines, et ses ridicules par millions. Détrompé un peu trop tard des grands seigneurs et des femmes, je ne balançai pas à regagner la France que je ne pouvois m'empêcher d'aimer encore, malgré ses extravagances et ses fureurs. J'y suis rentré il y a trois jours, et voilà tout. »

J'avois hâte qu'il finît. « Eh bien ! lui dis-je avec vivacité, renfermez au plus profond de votre cœur toutes les circonstances de ce récit, dont vous ne prévoyez pas les terribles conséquences, parce que votre absence vous a fait perdre de vue les choses qui se passent chez nous. Si le citoyen Bruat, que vous voyez là-bas, en avoit surpris un seul mot, votre indiscrétion vous mènerait loin !...

— Vous croyez, mon ami ? répondit l'émigré en souriant encore ; pas plus loin, je vous jure, que je ne me propose d'aller !...

— Est-il possible ! m'écriai-je. Où allez-vous donc ?...

— Mourir à la redoute d'Hœnheim ! dit-il ; et, si je ne me trompe, la voilà ! »

En prononçant ces paroles, il avoit rejeté par un mouvement subit les deux pans de son manteau derrière ses épaules. Je vis qu'il avoit les bras liés.

L'escorte poursuivit sa marche, mais je ne la suivis pas. J'étois resté à ma place, pétrifié d'étonnement et de terreur.

Quelques moments après, je sortis de ma stupeur. Une explosion m'avoit averti qu'il étoit mort.

Des exécutions pareilles avoient lieu tous les jours à une portée de pistolet du quartier-général. Je fus presque témoin, le surlendemain, de celle du général Eisenberg et de son état-major, et je suis forcé d'anticiper un peu sur l'ordre des temps pour ne pas séparer des sujets qui se touchent de si près. Le général Eisenberg étoit, comme son nom l'indique, un soudard allemand de l'école du vieux Luckner. On disoit qu'il avoit fait la guerre de parti avec un certain succès, auquel sa mauvaise fortune ne voulut pas que les opérations de son corps d'armée répondissent une seule fois. Le dernier des revers qu'il eût essuyés étoit attribué communément à une imprévoyance impardonnable qui passa pour trahison. Toutes ses troupes avancées furent surprises dans leurs quartiers pendant qu'il reposoit paisiblement dans le sien, et ce n'est pas sans peine qu'il parvint à se soustraire lui-même, avec un gros d'officiers supérieurs, à la poursuite de l'ennemi ; mais mieux auroit valu pour ce pauvre homme tomber à la merci des Autrichiens que dans les serres implacables de la république. Saint-Just indigné l'avoit envoyé devant ce conseil de guerre expéditif qu'on appeloit la commission militaire extraordinaire, et la commission militaire extraordinaire l'avoit envoyé à la redoute d'Hœnheim, où se jouoit habituellement, comme je l'ai dit, la dernière scène de ces sanglantes tragédies. Quatorze accusés, dont se composoit la cavalcade fugitive, marchoient le lendemain, au point du jour, vers la redoute fatale. Le verdict du tribunal n'avoit pas même épargné deux palefreniers, gens rarement solidaires, et qui ne devroient jamais l'être en bonne logique, des bévues de la stratégie. C'étoit une rude jurisprudence!

La disposition des lieux nous avoit épargné jusqu'alors la vue de cet abominable appareil; mais il s'agissoit de frapper ce jour-là un coup mémorable qui retentît jusqu'au cœur de l'armée. Les patients, liés deux à deux, devoient être promenés devant tout ce que nous avions de soldats autour de notre station, et le massacre juridique d'un état-major étoit de si bon exemple pour un état-major, qu'on avoit jugé à propos de faire au nôtre les premiers honneurs de ce spectacle instructif. Pichegru déjeunoit debout et à la hâte, suivant son usage, au milieu de ses aides-de-camp, pendant qu'on achevoit d'enharnacher les chevaux, et que la plupart piaffoient déjà d'impatience en attendant leur maître. Tout à coup une bruyante rumeur s'éleva jusqu'à nous, et je ne fus pas des derniers à courir pour en reconnoître la cause. Il ne me fut pas difficile de la deviner à l'aspect du cortége meurtrier qui se déployoit sur la place, quoiqu'il surpassât de beaucoup en nombre, en tenue et en solennité, celui qui avoit tué deux jours auparavant le malheureux émigré franc-comtois. Mon premier mouvement étoit de fuir, quand je me sentis retenu tout à coup par une curiosité invincible, en entendant des éclats de rire étourdissants qui rouloient sur la foule, et qui dominoient le cliquetis des armes et le bourdonnement confus de la populace. Ce n'étoit cependant pas l'ivresse insultante d'une joie sauvage digne de ces cannibales qui dansent autour du bûcher de leurs ennemis, et qu'on ne voyoit que trop souvent éclater aux gémonies révolutionnaires : c'était l'élan d'une gaieté naturelle.

Parmi les condamnés obscurs qui accompagnoient leur général au supplice, il y avoit un jeune chirurgien-major gascon, dont l'intarissable enjouement n'auroit pas été en reste de saillies bouffonnes avec les turlupins les plus accrédités, vrai loustic de régiment qui trouvoit à rire partout, qui rioit de tout, et qui venoit de découvrir, à sa grande satisfaction, le côté risible de la mort. Jamais il n'avoit été plus fécond dans ses quolibets, plus grotesque dans ses lazzis, et il étoit impossible de ne pas se laisser entraîner à cette expansion qui n'avoit rien de forcé, rien d'apprêté, rien de factice, qui ne manifestoit qu'une organisation inaccessible à la crainte et insensible à la douleur.

Pichegru s'étoit avancé machinalement vers la fenêtre comme les autres. Quand il s'aperçut qu'il s'agissoit d'une exécution, il fit deux ou trois pas en arrière ; mais le général Eisenberg l'appela d'une voix forte, et il resta pour l'écouter.

« Adieu, Pichegru, dit Eisenberg avec une

énergie dont son accent tudesque n'affoiblissoit pas l'expression. Je vais à la mort, et je te laisse avec plaisir au faîte des honneurs, où ton courage t'a porté ; je sais que ton cœur rend justice à ma loyauté trahie par le sort de la guerre, et qu'il a secrètement pitié de mon malheur. Je voudrois pouvoir te prédire, en te quittant, une fin meilleure que la mienne ; mais garde-toi de cette espérance. Le peuple auquel tu as dévoué ton bras n'est pas avare du sang de ses défenseurs, et si le fer de l'étranger t'épargne, tu pourrois bien ne pas échapper à celui des bourreaux. Le ciel veuille te préserver, ami, de la jalousie des tyrans, de la calomnie des pervers, et de la fausse justice des assassins. Adieu, Pichegru ! — Marchez, vous autres ! »

Pichegru le salua de la main, ferma la croisée, rentra dans la chambre, et y fit deux tours sans adresser la parole à personne.

« Je donnerois ma plus belle pipe d'écume de mer, dit-il enfin, pour me rappeler le nom de l'auteur grec qui a parlé des prophéties des mourants.

— C'est Aristophane, général, répondis-je

aussitôt : *It ho geron sibyllia*, dans un passage que ma vieille grammaire traduit ainsi :

Les moribonds chenus ont l'esprit de sibylle.

— Très-bien, reprit Pichegru en me touchant la joue d'un petit geste caressant, tu n'as que faire d'une pipe, mais je te donnerai autre chose, et dans deux ans une épée. — Allons, enfans, continua-t-il en se retournant du côté de ses officiers, nous avons du chemin à faire aujourd'hui, car je compte bien poser mes avant-postes à Drusnheim. Les tueries de Strasbourg m'ennuient, et je suis pressé de changer de quartier. Quant à la mort, c'est peu de chose partout; c'est plaisir au champ de bataille. »

Que n'ai-je pu percer la muraille qui nous séparoit dans sa dernière prison, et recevoir la confidence de sa dernière pensée ! On m'ôteroit difficilement de l'esprit que le souvenir du général Eisenberg lui fût revenu dans ce moment-là, comme l'esprit familier de Brutus dans sa tente des champs de Philippe, pour lui remettre en mémoire que son heure étoit sonnée et qu'il falloit partir.

Je reviens à mon arrivée à Hœnheim. L'état-major s'étoit mis en route de bonne heure. Le canon grondoit sur toute la ligne, et s'éloignoit en grondant. C'étoit le jour de la mémorable affaire de la Vantzenau, qui acheva de déblayer toute la droite de l'armée, et qui fut le prélude heureux de la reprise des positions importantes de notre territoire envahi. Le quartier-général n'étoit cependant pas tout-à-fait désert. J'y rencontrai ces commissaires francs-comtois qu'on cherchoit inutilement à Strasbourg, et qui s'étoient assurés d'un asile inviolable sous la protection du drapeau. Que de têtes proscrites se sont paisiblement endormies à son ombre dans ces jours de calamités! Je ne doutai pas que Charles Perrin lui-même ne s'y fût dérobé au sort qui le menaçoit, et j'eus bientôt lieu d'éclaircir cette conjecture sans la laisser échapper. Tout le monde concevoit alors, sans autre enseignement que celui des circonstances, la nécessité du mystère, et cette éducation de malheur étoit pour notre génération un bienfait particulier de la Providence. Il y avoit si peu d'hommes, parmi ceux qui faisoient alors l'apprentissage de la vie, qui ne dussent pas être obligés tour à tour à s'armer des mêmes précautions contre la fureur des partis!

Pichegru, à son retour, m'accueillit comme un fils. « Je te ferai voir, me dit-il en m'embrassant tendrement, comment nous traitons nos ennemis. » La bienveillance de cette réception hospitalière mit ma timidité ombrageuse tout-à-fait à l'aise. Je crus avoir retrouvé ma famille.

Pichegru est trop connu pour qu'il me soit permis de le peindre, et cependant il n'est pas assez connu pour pouvoir se passer du zèle d'un défenseur. La destinée que lui avoit prédite Eisenberg s'est cruellement réalisée. D'infâmes calomnies, fondées sur de prétendues pièces secrètes dont tout le monde connoît les fabricateurs, se sont attachées à la mémoire de ce héros sur lequel aucun parti n'a une opinion juste, qui a été outragé et méconnu dans ses intentions par ses enthousiastes comme par ses détracteurs, et qui n'a pas laissé derrière lui une voix fidèle et courageuse pour venger sa gloire, parce qu'il a vécu trop pauvre, hélas ! trop indépendant et trop fier pour se faire des créatures. Si le temps qui m'échappe, si la fortune qui m'enchaîne à des travaux sans éclat et sans fruit, accordent un jour assez de loisirs à ma vieillesse pour mener à fin une œuvre sincère, depuis vingt ans commencée, j'érigerai peut-être à l'Épaminondas de mes nobles montagnes un monument agreste et grossier, mais simple, imposant et durable comme elles. Je prouverai aux royalistes qu'ils se trompent en tenant compte à Pichegru de je ne sais quels services qu'il n'a jamais songé à leur rendre, aux révolutionnaires qu'ils se trompent, ou qu'ils mentent effrontément en connoissance de cause, quand ils lui imputent des trahisons dont sa grande âme n'étoit pas capable. Entre Pichegru et la pensée d'une trahison, il y avoit toute la distance qui sépareroit les deux pôles de l'infini, si on pouvait la mesurer ; trahison difficile à définir, au reste, que celle d'un général qui a délivré son pays de la présence de l'étranger, qui a porté chez l'étranger la terreur de ses armes, et qui n'a jamais paru dans une bataille où l'honneur de la république ait été compromis ! Ce n'étoit guère la peine de conspirer ! J'appuierai cette démonstration de notions si claires qu'il ne restera pas un prétexte au soupçon, pas un faux-fuyant à la perfidie, pas une excuse à la frénésie imbécile de cette lie des populaces qui distribue au gré de ses chefs l'ostracisme et la mort ! Je le ferai, je le jure ! et la postérité, juge calme et impartial du présent, rétablira sur une base immortelle la statue profanée du plus pur et du plus véritablement grand de nos capitaines.

Ce travail est trop vaste pour être ébauché dans quelques feuilles fugitives; il est trop solennel pour être associé au sort équivoque d'un fragment de mes mémoires, et de quels mémoires ? les réminiscences d'un écolier. J'attendrai donc une autre occasion de peindre Pichegru, tel que je l'ai vu dans mon enfance, avant d'être initié, pour mon malheur, aux funestes secrets dont la rancune amère des républicains fait ses crimes, par une imputation toute gratuite. Je le montrerai là fier et doux, imposant et simple, juste et indulgent, habile et loyal, le plus brave des soldats et le plus modeste des citoyens, bienveillant, humain, généreux pour tous, sévère pour lui-même, et réunissant en lui la probité d'Aristide, le désintéressement de Fabricius, la modération de Scipion, le stoïcisme inflexible de Caton d'Utique, à une époque où la France presque entière se seroit trouvée trop heureuse de se jeter dans les bras protecteurs d'un Marius ou d'un Octave. — Ici, je n'ai tout au plus que le temps de le nommer.

Le repas du soir nous rassembla fort tard autour d'une table très-médiocrement servie, et il en fut ainsi de tous les jours suivans. On y comptoit plusieurs généraux plus ou moins renommés alors : Liéber, Boursier, Michaud, Hermann, le bon et savant Hermann, qui mourut peu de temps après, et un nombre beaucoup plus considérable d'officiers d'état-major et d'aides-de-camp. Pichegru en avoit quatre, et deux, dans ce nombre, qui m'étaient déjà bien connus : l'un, M. Gaume, qui étoit de Besançon, et que le fléau d'Asie a récemment enlevé à sa famille et à ses amis; l'autre, qui s'étoit fait remarquer par beaucoup d'esprit et d'excellentes manières, dans la garnison de la même ville, M. Chaumette, capitaine de dragons, retiré, je crois, du service après la campagne de Hollande, et depuis maire d'Issoire, où il jouit encore, à un âge peu avancé, de l'estime et de l'affection générales. Il m'a certainement oublié, et il faut convenir qu'il en a eu le temps; mais les marques particulières de bonté que ces messieurs m'ont données ne sortiront jamais de ma mémoire. Le nom des deux autres sera plus familier aux lecteurs accoutumés de nos biographies modernes. Il suffit d'indiquer, pour le rappeler au souvenir de tous les Français, le capitaine d'artillerie Abatucci, général l'année suivante, et tué, en 1796, à la défense d'Huningue, où la reconnoissance nationale lui a élevé un tombeau par les soins de Moreau. Il étoit Corse, et, à ce que j'ai entendu dire depuis, de la famille de Napoléon. Le boulet qui le frappa lui a peut-être ravi une couronne. C'étoit un beau jeune homme de vingt-trois ans, grand, svelte, adroit, vigoureux, d'une intrépidité à toute épreuve. Ses traits, dessinés avec toute la régularité du galbe grec, avoient quelque chose de numismatique, et cette impression n'étoit pas démentie par son teint couleur de bronze. Cette apparence de dignité extérieure n'influoit pas sensiblement sur son caractère, qui se distinguoit par une gaieté ingénue, expansive et presque enfantine, mais de peu de verve et d'éclat. Ces derniers avantages étoient réunis au plus haut degré dans son camarade, M. Doumerc, capitaine de cavalerie, de l'âge d'Abatucci et encore plus joli garçon, qui rassembloit d'ailleurs toutes les qualités dont peut se composer le parfait idéal d'un brillant officier. Son œil noir, que surmontoit un sourcil large, mobile et plein d'expression, rouloit tout le feu du courage, et annonçoit dès-lors un des héros qui devoient décider le succès de la bataille d'Austerlitz. Il étinceloit aussi des rayons pénétrans de la saillie, et l'accent assez prononcé du jeune Doumerc prêtoit un charme infini aux élans de sa vivacité méridionale. Le lieutenant-général Doumerc doit vivre aujourd'hui dans la retraite du sage, où il s'est confiné après vingt-cinq ans de combats et de gloire; et je crois pouvoir supposer, sans lui faire tort, qu'il est un peu changé, car il y a, je pense, à quelques

semaines près, quarante ans que je ne l'ai vu.
Il m'est aussi présent que si je l'avois vu, que
si je l'avois entendu hier.

On comprend, d'après le caractère des convives de Pichegru, que sa table étoit nécessairement fort gaie; joie étrange et cependant bien complète et bien franche que celle de ces compagnons de nobles dangers, qui venoient d'échapper à la mort pour s'y exposer de nouveau le lendemain. Je n'ai pas vu de semaine où une place ne restât vacante au banquet. Le général la marquoit, en passant, d'un froncement de sourcil, et faisoit disparaître le couvert d'un geste dont les gens de service avoient l'intelligence; et puis on s'asseyoit, on rioit, on parloit de belles armes, de beaux chevaux, de femmes et de plaisirs; on ne philosophoit point. Pichegru prenoit fort peu de part à la conversation, et ne rioit presque jamais, sinon de ce sourire de l'âme, qui quittoit rarement ses lèvres et qui encourage la gaieté. Tant que son front ne s'étoit pas assombri, la folie alloit son train, et je n'imagine pas qu'elle ait jamais été nulle part plus animée, plus pétulante, plus bouffonne, sans cesser un moment d'être de bon goût. On a souvent cité le dernier festin des Lacédémoniens, avant la journée des Thermopyles. Il n'y a pas un officier français qui ne se soit trouvé à une pareille fête entre deux champs de bataille, et il est bon de remarquer, pour l'exactitude de cette comparaison, que les lignes étroitement circonscrites de l'armée qui couvroit alors les murailles de Strasbourg, étoient les Thermopyles de la France.

J'ai déjà fait pressentir que nous avions peu de temps à passer à Hœnheim. En moins de huit jours, la droite de l'armée étoit totalement dégagée, et l'état-major se portoit vers le centre, au quartier-général de Vindenheim, ou Findenheim, ou autrement (faites grâce à mon orthographe). La plus grande partie s'établit dans un vieux château de Wurmser, tout mutilé par la mitraille. Le général Pichegru prit logement chez le ministre du village, avec ses aides-de-camp et ses bureaux. J'eus le bonheur de l'y accompagner, et ce n'est pas sans raison que je compte cet événement parmi les plus heureux de ma vie, puisque je lui dois un goût délicieux qui l'embellit encore. Le ministre de Vindenheim étoit un colosse de six pieds, taillé à proportion, et dont le nez, inférieur en proéminence à celui du citoyen Tétrell, dont j'ai parlé plus haut, rachetoit bien ce léger désavantage par l'ample étendue de sa base, qui menaçoit de déborder de l'un et l'autre côté le diamètre horizontal de sa figure rubiconde. Sous l'enveloppe assez grossière que je viens de décrire, le ministre de Vindenheim étoit le meilleur des hommes, officieux, hospitalier, sincère avec politesse, bon vivant avec la retenue convenable à son état, faisant parfaitement les honneurs d'un excellent vin du Rhin, qu'il se félicitoit d'avoir caché aux Allemands, parce qu'ils en boivent trop, et par-dessus tout cela, fort versé en différentes études. Je ne saurois dire avec quelle joie je vis sa chambre décorée de beaux cadres de papillons que je ne me lassois pas de regarder. J'avois toujours eu quelque penchant pour ce joli amusement ; mais j'ignorois que la science des hommes eût soumis les insectes eux-mêmes aux lois de notre police sociale, et que chaque espèce en eût reçu un nom distinctif. Dieu sait avec quelle vivacité je m'informai de ces curieuses merveilles. Il me semble que je vois encore d'ici ces magnifiques lichenées qui renferment sous une mante modeste et obscure de riches draperies de pourpre, ces terribles sphynx Atropos, dont le dos est empreint d'une tête de mort, montée sur deux os en sautoir, et ces brillans petits argus, propres à l'Alsace, dont les ailes sont glacées d'une couche de laque ou relevées d'une incrustation de lapis, solides et resplendissantes à la vue comme le cristal. Loin de m'ennuyer à Vindenheim, j'y aurois volontiers passé dix ans; mais dix ans, c'est le temps que dura le siége de Troie, et mon général était plus soudain dans ses entreprises que ne le fut Agamemnon.

J'avois d'ailleurs trouvé moyen d'*utiliser* mon temps, et d'en rendre l'emploi agréable à Pichegru. Il faut dire qu'il avoit, comme on l'a rapporté de tous les grands capitaines, son livre de prédilection. C'étoit les *Mémoires de Montécuculli*, que la recommandation d'un suffrage si imposant pour moi ne m'a cependant jamais engagé à lire. Il en portoit toujours un volume avec lui, et depuis quelque temps, il auroit bien voulu pouvoir en faire autant pour un auteur du même genre qui étoit parvenu à tenir une place au moins égale dans son estime. Il n'y avoit malheureusement pas moyen. Le général Custines, prédécesseur de Pichegru dans le commandement de l'armée du Rhin, et qui étoit, ainsi que lui, infatigable au travail, paroissoit avoir employé tous les instans que lui laissoit la guerre, à la composition de l'histoire de ses campagnes. Il n'y avoit pas là un seul fait oublié, pas une opération qui ne fût expliquée dans les plus grands détails, pas un résultat qui ne fût exactement pressenti, et sur lequel il ne revînt avec soin à la marge, pour se rendre compte des circonstances qui l'avoient plus ou moins modifié, quand il mettoit par hasard en défaut, dans quelques particularités de peu valeur, la précision presque infaillible de ses calculs. Bien plus : on y voyoit jusqu'à ses fautes, qu'il exposoit avec une sublime candeur, et dont l'appréciation ne devoit pas être d'un faible enseignement pour quiconque seroit appelé à parcourir la même carrière. Mais cet admirable manuscrit avoit les défauts d'un ouvrage composé à la hâte, et que l'illustre écrivain ne s'étoit pas trouvé en mesure de rendre plus court. Il étoit minutieux, diffus, chargé de longues inutilités et de redites fatigantes, surtout pour un lecteur dont toutes les minutes sont sans prix ; et on en jugera mieux quand j'aurai ajouté qu'il remplissoit trois volumes *in-folio* du format des atlas et des polyglottes. J'avois entendu souvent regretter à Pichegru que l'embarras des travaux courans du secrétariat ne lui permît pas d'appliquer une plume intelligente à cette transcription, qui exigeoit au reste, selon lui, plus de tact et d'esprit d'analyse qu'il n'auroit osé en demander à de simples expéditionnaires. Comme il ne souffroit pas que je suivisse l'état-major dans les excursions périlleuses, je me trouvai heureux d'employer le vaste loisir de mes journées à tenter quelques extraits que son travail préliminaire m'avoit d'ailleurs rendus faciles ; car il marquoit ordinairement d'une accolade au crayon les endroits les plus substantiels, et chaque passage important étoit rappelé au-dehors par un signet ou un pavillon qui en rappeloit sommairement le sujet. Ce genre d'élaboration analytique m'étoit assez familier, parce que mon père en avoit fait le procédé le plus essentiel de mes études scholaires, et il est probable que je n'y réussis pas trop mal ; mais le difficile étoit de le faire valoir aux yeux du seul juge dont le suffrage pût y attacher quelque prix. Je m'avisai, au bout de huit jours, quand mes copies me parurent assez nettes et assez soignées, de les insérer à leur place dans le manuscrit de M. de Custines, où elles devoient nécessairement fixer tôt ou tard l'attention de Pichegru, qui le feuilletoit tous les soirs. Dix fois, avec un grand battement de cœur, je le vis s'arrêter à la page mobile et la conférer avec l'autre, mais il ne m'en parloit point. Il sembla seulement prendre plus d'intérêt à mon babillage, et s'informer plus particulièrement du juste point auquel mon éducation étoit parvenue. Un jour enfin, sous prétexte que tout le monde étoit absent ou occupé, il m'appela pour écrire sous sa dictée quelques lignes insignifiantes qu'il rapprochoit, derrière mon épaule, d'une des nombreuses pièces de comparaison que je lui fournissois depuis quelque temps. « C'est donc toi, me dit-il, qui analyses d'une manière si conforme à mes intentions les Mémoires de Custines ? Cela est au-dessus de ton âge, et ta situation doit s'en ressentir. Vois si ce frac te va bien. »

Ce frac, jeté sur une chaise, étoit un joli habit bleu national, à collet et parements bleu de ciel, qui m'alloit comme un charme, car la mesure en avait été prise sur le mien. Avec la petite toque rouge d'ordonnance des secrétaires d'état-major, que j'avois trouvée à côté, il me donnoit un relief qui faillit me faire pâmer de joie, et je ne sais si j'endosserois plus fièrement aujourd'hui l'habit même d'un général, tout éclatant d'épaulettes, de décorations et de dorures. L'impression des vanités de l'homme est tout-à-fait relative, et les premières sont les plus saisissantes. Si j'ai abusé de l'occasion de me complaire au souvenir de celle-ci, c'est peut-être parce qu'on ne m'a jamais trouvé bon depuis pour porter un nouveau vêtement officiel, qui m'auroit fait aisément oublier mon petit frac bleu ; c'est d'ailleurs à Pichegru que je dois cette unique distinction de ma vie. Il faut rendre à César ce qui appartient à César !

Outre une grande table de travail sur laquelle reposoient à perpétuité les Mémoires de Montécuculli et les Mémoires de Custines, la chambre de Pichegru, à son quartier-général de Vindenheim, n'avoit pour tout ameublement qu'un fauteuil et trois matelas, sans draps et sans couvertures. Ces trois matelas, étendus immédiatement sur le plancher, laissoient à peine entre eux une étroite allée aux promenades nocturnes du général. Le premier étoit le sien, mais il s'y couchoit rarement, et c'étoit de préférence dans son fauteuil qu'il passoit chaque nuit cinq ou six quarts d'heure donnés en plusieurs fois au sommeil ; le second étoit occupé par M. de Reignac, secrétaire en chef de l'état-major, et le troisième par moi. Nous dormions là beaucoup mieux qu'il ne m'est jamais arrivé de dormir depuis, et nous n'étions réveillés qu'à la dernière extrémité, lorsqu'il parvenoit à Pichegru quelque affaire très-urgente à laquelle il ne pouvoit pas suffire tout seul. A quatre heures du matin, il s'éveilloit brusquement ou quittoit la besogne, se lavoit la tête, les mains et les pieds, dans un seau d'eau froide placé sous son bureau, fumoit une pipe, et se rinçoit la bouche d'une goutte d'eau-de-vie; après quoi il donnoit ses audiences jusqu'à sept heures. Nous le suivions alors à un déjeuner fort concis, et nos apprêts ne l'étoient pas moins, car, à l'exception de la toque et des bottes, nous couchions tout habillés, en vertu d'une ordonnance de Saint-Just qui en imposoit l'obligation à toute l'armée, *sous peine de mort*, depuis la fâcheuse surprise de Bichwiller, si fatale au général Eisenberg. A huit heures ou huit heures et demie, tout le monde étoit à cheval. Un quart d'heure plus tard, le canon retentissoit partout. Un quart d'heure plus tard, l'ennemi étoit battu.

Je ne suis entré dans ces détails que parce qu'ils sont nécessaires à l'intelligence d'une anecdote d'assez peu d'importance en elle-même, qui m'a cependant beaucoup donné à penser depuis l'horrible catastrophe d'un des hommes que j'ai le plus chéris sur la terre. Je portois ordinairement, comme Pichegru, une cravate noire serrée au cou de très-près, par opposition aux merveilleux de la ville, qui avoient adopté à l'envi d'une manière toute courtisanesque la cravate volumineuse du proconsul; et, comme j'avois aussi un penchant naturel à la flatterie, car j'ai toujours volontiers flatté ceux que j'aime, je m'étois étudié à l'attacher comme lui d'un seul nœud sur la droite, méthode peu coquette à la vérité, et que je conserve aujourd'hui, on peut m'en croire, sans la moindre prétention. Une nuit, comme je dormois péniblement, et tourmenté sans doute par quelque fâcheux cauchemar, je sentis tout à coup une main se glisser dans ce nœud, en relâcher le lien, et relever ma tête qui s'étoit appuyée sur le plancher dans l'agitation de mon sommeil. J'étois éveillé. « C'est vous, général? m'écriai-je; avez-vous besoin de moi? — Non, répondit-il; c'est toi qui avois besoin de moi. Tu souffrois et tu te plaignois; je n'ai pas eu de peine à en connoître le motif. Quand on porte comme nous une cravate serrée, il faut avoir soin de lui donner du jeu avant de s'endormir, et je t'expliquerai une autre fois comment l'oubli de cette précaution peut être suivi d'apoplexie et de mort subite. C'est un moyen de suicide. » Je pressai sa noble main sur mes lèvres, et je me rendormis.

Je donne pour ce qu'elle vaut cette historiette avec toutes ses inductions, mais je crois qu'on ne s'étonnera pas que je m'en sois souvenu une dizaine d'années après. Puisse-t-elle absoudre la mémoire de Napoléon du plus lâche et du plus odieux des assassinats!

Pichegru exerçant de droit la haute juridiction dans tous les lieux où il transportoit son quartier-général, nous étions exempts, depuis Hœnheim, qui étoit encore compris dans les limites militaires de Strasbourg, de la cruelle obsession des bourreaux dont Schneider étoit toujours accompagné. Le propagandiste de la mort ne paroissoit point chez nous; il nous suivoit à la trace, comme je crois l'avoir dit ailleurs, tout prêt à glaner les têtes que la guerre avoit épargnées, et semblable au vautour qui vient prendre possession d'un champ de bataille, ce qui embarrassoit les progrès de notre armée d'une armée de fugitifs. Quant à Saint-Just, qui ne se reposoit point, et qui ne cessoit d'aller stimuler sur le terrain le courage des combattans, nous le vîmes passer souvent, et le jour, entre autres, de la glorieuse affaire des hauteurs de Brumpt, qui préludoit de bien près à la reprise des deux rives de la Motter, et de la position importante d'Haguenau. C'est dans le courant de la nuit suivante que survint un événement qui mérite d'être recueilli par les biographes. Saint-Just avoit mis pied à terre à la commanderie de Brumpt, et il est à remarquer que cette station se trouvoit rejetée, du premier rang qu'elle occupoit la veille, à la dernière ligne de défense, ce qui la mettoit tout-à-fait à l'abri d'un coup de main. Je ne sais quel funeste hasard lui apprit qu'un jeune officier de Noyon, qui avoit été son compagnon d'études et qu'il disoit aimer en frère, devoit se trouver à peu de distance, dans un des trous que les soldats s'étoient péniblement creusés, en ouvrant, à la pointe du sabre et au tranchant de la hache, une terre pétrifiée par le froid le plus âpre. Il s'y fait conduire, il arrive, il appelle son ami, qui s'empresse de se rendre aux accens de cette voix si connue, sans avoir pris le temps de s'envelopper du moindre vêtement. Il étoit nu. Saint-Just le presse contre son cœur et s'écrie : « Le ciel soit loué doublement, puisque je t'ai revu, et que je puis donner, dans un homme qui m'est si cher, une leçon mémorable de discipline et un grand exemple de justice, en t'immolant au salut public! » Puis, se tournant du côté des gens qui l'escortoient : « Faites votre devoir, » dit-il. A ces mots, l'officier l'embrassa de nouveau, proféra un dernier vœu pour la liberté, donna le signal du feu, et tomba mort.

Cet acte d'héroïsme lacédémonien (Dieu veuille épargner de telles vertus à nos descendans!) fut mis à l'ordre du jour de l'armée et diversement jugé ; mais on ne peut dissimuler qu'il influa très-avantageusement sur le *moral* des troupes, et le récit qui s'en répandit partout n'avoit probablement pas d'autre objet. On a pu lire une anecdote assez pareille dans la vie de Frédéric-le-Grand, et j'aime à penser que l'une et l'autre ne sont que d'habiles mensonges.

Après avoir poussé si avant l'histoire de mes campagnes, j'aurai peut-être bien de la peine à me défendre d'y revenir ; car on sait qu'il n'y a point de distraction plus douce pour les veillées d'hiver d'un invalide entouré de ses enfans. Je vous préviens cependant, mes amis, et il n'en faut pas moins pour vous rassurer, que si la mort ne clôt pas mes yeux avant la fin de mes MÉMOIRES, je tâcherai de les réduire à des dimensions plus modestes que celles des MÉMOIRES DE CUSTINES et de MONTÉCUCULLI.

SUITES D'UN MANDAT D'ARRÊT.

ŒUVRES DE J.-P. BRARD ET D'ALIBERT.

SUITES D'UN MANDAT D'ARRÊT.

§ I.

Il est bien convenu qu'un homme qui écrit ses Mémoires ne peut se dispenser de parler de lui, et je ne m'en excuserai plus. Je suppose que mon lecteur est tout disposé dès l'abord à ne chercher dans ces pages, empreintes d'une individualité monotone, que ce qui s'y trouve réellement, la rêverie d'un solitaire qui s'amuse à reconstruire pour lui-même l'épopée bourgeoise de sa vie, parce que le passé, grâcieux, le dédommage du présent ; austère, lui rend le présent tolérable. La jeunesse de l'homme, en dépit de toutes les épreuves qui l'ont tourmentée, revit à son imagination avec un charme incomparable, parce qu'elle le ramène par la pensée à la conscience de sa force, à l'ivresse de ses plaisirs, à l'impression de ses angoisses elles-mêmes, qui deviennent un sujet de triomphe et de joie quand on leur a survécu. Les événemens accomplis ne nous appartiennent pas plus que les événemens qui ne seront jamais, et cependant cette féerie éteinte amuse le souvenir, comme l'idée d'un beau rêve dont on s'occupe long-temps. Ce qui n'est plus nous, ce qui ne sera jamais nous, c'est la même chose ; ce n'est rien, si ce n'est une énigme puérile dont nous avons trouvé le mot, un roman émouvant dont nous avons franchi les péripéties et lu les dernières pages, un château en Espagne démoli dont nous avions fourni les matériaux, et dont il ne reste que des ruines; heureux insensé qui le rebâtit ; non pour l'habiter, Dieu l'en garde! mais pour le revoir une fois encore! Comment cette opération de la pensée s'émancipe jusqu'à sortir des formes intimes et secrètes du monologue pour usurper celles d'un livre? voilà la question. Le jour où j'ennuierai un peu trop mon patient auditoire, elle ne sera pas résolue à mon avantage.

En annonçant, sous un titre qui en résume assez bien la matière, quelques feuillets de mon journal de jeune homme, je n'ai pas prétendu tirer un grand avantage individuel d'une position malheureusement fort générale au temps où j'ai vécu. Sauf quelques hommes d'exception dont j'admire beaucoup plus l'adresse que le caractère, et qui ont présidé, par un singulier privilége, aux proscriptions de tous les régimes, tout le monde a été proscrit en France dans la large acception qu'on attache à ce mot. Il n'y a fils de bonne maison, si obscur et si peu offensif qu'on le suppose, qui n'ait passé quelques jours sous les verroux du guichet, ou qui n'ait été couru pendant quelques semaines comme une bête fauve par les limiers de la police et de la gendarmerie. Si quelque étrange révolution faisoit disparoître subitement jusqu'aux derniers vestiges de l'état civil, du greffe de nos mairies, on pourroit s'en consoler ; on le retrouveroit presque tout entier dans les écrous de nos prisons. C'est un fait tout naturel et que je constate sans aigreur. Les gouvernements ont le droit de se défendre comme ils en ont le pouvoir, et le mieux qu'il soit permis d'attendre d'eux, c'est qu'ils usent de cette double faculté pour leur conservation, avec un peu de mansuétude, jusqu'au moment toujours promis et toujours attendu en vain où il surgira de nos orageux essais une forme politique propre à concilier définitivement les suffrages universels. Je n'oserois pas répondre que ce fût pour aujourd'hui, ni pour demain, ni pour quelques lunes encore par-delà ; mais ce sera certainement pour l'ère utopique qui nous est promise depuis quarante-cinq ans par le *libéralisme* et par la perfectibilité.

Un grand avantage des proscriptions actuelles sur les proscriptions sourdes et muettes de l'empire, c'est qu'elles tolèrent du moins les débats d'une publicité contradictoire et processive dans laquelle l'autorité n'a pas souvent le rôle le plus facile et le plus brillant. On sait au juste maintenant ce que pèsent les chaînes d'un prisonnier, et ce que l'eudiomètre a décidé de la salubrité de son cachot. On nous enlevoit alors à nos familles sans leur laisser le nom de la prison taciturne vers laquelle elles devoient tourner leurs yeux à l'heure de la prière. On nous transféroit capricieusement de quartiers en quartiers, de pays en pays, pour dérober nos traces à l'amitié, et pour ne pas nous donner le temps de captiver, à force de douceur et de résignation, la compassion d'un vieux cerbère apprivoisé par le malheur. On fusilloit sous nos barreaux, sans autre forme de procès, les quatre matelots bretons, mes pauvres camarades de chambrée; on assassinoit officiellement, sur un bateau de l'île aux Cygnes, mon ami Raoul de Saint-Vincent; on réduisoit mon ami Christoval à se couper la gorge avec son rasoir; et le journal n'en savoit rien, et la commission de la liberté individuelle touchoit régulièrement ses splendides honoraires, cela va sans dire; et le sénat conservateur conservoit soigneusement l'arbitraire inviolable. L'innocence n'avoit pas l'expectative du jugement ; la vanité ne trouvoit pas à se consoler par l'attrait du bruit, ni l'héroïsme par l'espérance de la gloire. Aussi l'opposition étoit rare et méticuleuse. Il y avoit bien de quoi.

Chose extraordinaire! trois généraux audacieux ont failli changer la face du monde, et tous trois sortoient d'un fond de basse-fosse où le monde les avoit oubliés : le Corse Boccheïambe, qui alla mourir à la plaine de Grenelle avec Mallet, Lahorie et Guidal, gémissoit depuis dix ans au secret, et il y étoit arrivé de loin, par une nuit obscure, dans une charrette close. Le peuple disoit, en se pressant sur son passage : « Qu'a donc celui-ci à regarder autour de lui ? » Hélas ! le malheureux regardoit les rues et les maisons de Paris, car il ne les avoit jamais vues.

Il falloit que le sentiment de ces cruautés fût resté bien profondément imprimé dans le cœur de nos édiles pour qu'ils s'avisassent de traduire malignement Napoléon au jugement de la postérité, dans l'ajustement grotesque de cette malencontreuse effigie qu'ils ont arborée comme un épouvantail au sommet de la colonne. Ma mémoire de *proscrit* n'est pas si vindicative. Je le déclare avec sincérité. A cela près de quelques petites miévretés impériales qui rappellent les oubliettes de Ruel, l'*oreille* de Denys et le taureau de Phalaris, Napoléon avoit du beau, du grand, du sublime; jamais homme historique n'en eut peut-être davantage; et le beau, le grand, le sublime sont au-dessus de la caricature. L'ironie est de mauvais goût dans les monuments, et Pascal a dit avant moi que les plaisanteries poussées à bout annonçoient un méchant caractère.

Il n'est donc personne, pour revenir à mon sujet, qui ne sache quelque chose du genre de vie dont je prétends raconter quelques incidents, et c'est la seule raison qui puisse relever aux yeux du lecteur la foible importance de mes historiettes, en les appropriant à ses plus intimes souvenirs. Il est si naturel de prendre intérêt aux peines qu'on a éprouvées soi-même! A qui apprendrai-je que c'étoit dans ma jeunesse une grande question que de savoir ce qui valoit le mieux de la prison ou de la fuite, et ce qu'il y avoit de plus difficile à supporter d'une résidence maussade entre des murs infranchissables, ou d'un vagabondage misérable à travers les champs et les bois ? J'ai goûté bien long-temps de tous les deux, et je suis en état de prouver que l'une et l'autre de ces positions, généralement peu enviées, ont leurs agréments relatifs qui sont capables de faire pencher la balance dans les mains les plus impartiales. En prison, le courage individuel est soutenu par la communauté du malheur, par l'émulation de la patience, par les douceurs de l'entretien qui dissipent tous les ennuis, par les sollicitudes de l'amitié qui charment tous les chagrins. En pleine campagne vous avez l'air, et l'espace, et la liberté, la fierté d'une indépendance qui se maintient par sa propre force contre la force du pouvoir, la vanité rieuse d'une adresse qui déjoue toutes les poursuites, l'attente d'un accueil fraternel dans la hutte enfumée du bûcheron ou la voiture nomade du berger; la variété des chances et des événements qui se renouvellent tous les jours, et au besoin l'espoir d'une généreuse défense. Il n'en est pas moins vrai que cette alternative est encore en litige au moment où je parle; et moi-même combien de fois n'ai-je pas désiré sous les verrous d'être exposé tout nu sur un rocher battu des vagues, à la face du ciel et à la merci de l'intempérie des saisons ? Combien de fois n'ai-je pas désiré dans les forêts l'abri rassurant d'un cachot humide et frais où je trouverais du moins un peu de pain pour apaiser ma faim, un peu de paille pour reposer mon sommeil ? Les hommes ne se contentent jamais.

Un grand ressort de l'énergie des jeunes gens contre tous les accidents qui menacent la fortune errante des proscrits, c'est cette vitalité surabondante qui s'augmente par l'exercice, et même par la fatigue et les privations, cet enthousiasme de tête et de cœur qui trouve un nouvel aliment dans tous les objets nouveaux, et pour lequel tout devient volupté. Il n'y a guère de jour où je ne me rappelle quelque chose de pareil, et entre autres cette matinée de printemps si rigoureusement commencée, où j'échappai à deux gendarmes en franchissant un ruisseau de douze pieds de largeur vers lequel je feignois de me pencher pour boire, et puis en me tapissant subtilement dans un champ de blé déjà grand, où je ne doutois pas que l'on me cherchât long-temps, pendant que je parcourois à quatre un long sillon clair et creux dont les épis ne pouvoient me trahir par leurs ondulations. Après cela venoient d'heureux ravins, des haies épaisses, mais incapables de m'arrêter, des murs de clôture élevés, mais dont un premier élan me faisoit atteindre le sommet aux deux mains, dont un second élan laissoit le revers derrière moi; une côte ardue enfin, couronnée de bois touffus, et qui m'auroit certainement paru insurmontable si je n'avois été au-dessus quand j'en fis la réflexion. J'étois alors à un quart de lieue des gendarmes, mais je n'avois pas fourni une course de vingt toises sans être assuré de ma délivrance; car ce n'étoit pas moi, c'étoit la terre qui fuyoit, qui disparoissoit sous mes pas, et qui emportoit je ne sais où mes ennemis immobiles. Dites-moi pourquoi il y a dans la jeunesse des moments de puissance physique et morale, d'exaltation et de force où les détroits de la mer et les aiguilles des Alpes ne seroient pas comptés pour un obstacle, des heures magiques où l'on fait tout ce que l'on veut. Cela est étrange! Retiré derrière un vieil arbre, je jetai les yeux sur la route qui se dérouloit comme un ruban blanc dans la plaine, et où j'eus le plaisir de reconnoître mes quatre animaux, bêtes et gens, qui piétinoient ridiculement sur place, ni plus ni moins que s'ils avoient été enfermés dans le cercle de Popilius, et qui tenoient leurs yeux tournés dans une direction tout opposée à celle que j'avois prise. Réflexions faites, et ils y mirent le temps, ils me donnèrent la satisfaction de la suivre au grand galop, et je les vis bientôt se perdre dans un tourbillon de poussière. Comme ma capture fortuite n'étoit pas connue de leurs chefs, et que la tête écervelée d'un écolier turbulent n'étoit pas digne d'être mise à prix, je me flatte qu'ils n'eurent à regretter dans cette mémorable affaire qu'une promenade inutile et une charge de pistolet.

C'est dans de pareils moments que la liberté s'estime à sa véritable valeur. Avec quelle plénitude je jouissois de ma vie et du droit d'en disposer! Je n'aurois pas marché avec plus d'orgueil dans les vastes campagnes qui s'ouvroient devant moi, si elles m'avoient appartenu en toute propriété. Eh! ne m'appartenoient-elles pas ? Après trois heures d'un trajet rapide qui laissoit plus de six lieues entre le point du départ et celui du repos, je descendis comme par enchantement dans une petite vallée circulaire qui reposoit au fond d'un amphithéâtre de collines boisées, et qui étaloit à plaisir aux deux côtés d'une jolie rivière le luxe odorant de sa végétation en fleurs. C'étoit la vallée de Courlans, la plus gracieuse du Jura, et peut-être du monde entier. J'en ai du moins jugé ainsi ce jour-là, et un autre jour encore. Oh! que la lumière étoit pleine et riante sur ce beau tapis de verdure! Comme elle dormoit limpide sur le cours des eaux égales, et comme aux moindres pentes elle s'éparpilloit en mailles de feu entre les rochers qui lui avoient livré un passage! Tout vivoit, tout respiroit autour de moi, et comme moi, la jeunesse, le plaisir et la liberté. Il n'y avoit pas une plante qui ne portât un bouquet épanoui comme pour une fête, et le peintre le plus coquet n'auroit pas mieux réglé leur merveilleux assortiment. C'étoient des salicaires violettes à grappes flottantes, des angéliques ombragées de blancs parasols, des lampettes aux longs pétales rosés dont le limbe étoit découpé comme un ruban, des renoncules à la coupe d'or glacé d'un vif émail, des leucanthèmes aux rayons d'argent, des brises aux balles suspendues en grelots, et qui, selon le caprice d'un air doux, baissoient et relevoient tour à tour leurs fronts mobiles frappés de reflets soyeux. On auroit dit, aux bruits qui descendoient des bois, qui couroient à travers les arbustes et qui mouroient sous les herbes, que la nature entière étoit en œuvre de création. Mes insectes chéris ne manquoient pas plus à cette solennité que si elle avoit été faite pour moi : pendant que mes regards étoient fixés avec attendrissement sur une touffe d'ancolies qui penchoit tristement ses corolles superbes comme autant de diadèmes chargés de grenats syriens, je vis s'y abattre une volée de ces brillants *cérambiques* à la robe d'un rouge de pourpre qui n'habitent dans tout l'est de la France que cette unique région, sur une zone étroite de quatre ou cinq lieues de longueur. Jamais la magnifique *lamie de Kaelher* ne s'étoit offerte à mes yeux, et je l'appelai par un cri d'enthousiasme et d'admiration semblable à celui qu'Adam dut proférer dans le paradis terrestre quand il désigna sous des noms véritables toutes les créatures du Seigneur. — Et comme Adam j'étois seul, sans remords, sans haines, sans soucis de l'avenir, car toutes les mauvaises fortunes du proscrit étoient sorties de ma mémoire. Fier de mon indépendance, de ma force, de mon bonheur, de cette libre possession de l'univers dont s'emparoit ma pensée, je n'aurois pas échangé cette joie incertaine, exhalée entre deux périls, contre l'empire assuré du monde. Ma tête bouillonnoit d'une ivresse de poëte que je n'ai pas retrouvée depuis, mon cœur éclatoit de volupté. Tout à coup mes paupières s'inondèrent de larmes, et je tombai à genoux. « O mon Dieu! m'écriai-je, que la nature est belle! que vous êtes grand dans vos ouvrages, et que vous êtes bon dans les consolations que vous prodiguez aux malheureux! O mon Dieu! si j'ai assez vécu pour vous connoître et pour vous adorer, retirez mon âme à vous, je vous en prie! mon foible corps ne peut plus la contenir. » Puis j'achevai de me coucher parmi ces fleurs, car je ne me suis jamais cru plus près d'être exaucé. Je murmurai en défaillant le nom de mes parents, de ma sœur, de Clémentine, et tout sentiment m'échappa. La seule idée qui me reste de cette extase, c'est qu'elle m'a fait sentir plus de félicités inexprimables que tout le reste de ma vie.

Mais on se tromperoit étrangement si l'on pensoit qu'il en arrivât souvent ainsi. Quelques jours s'étoient à peine écoulés depuis celui-là que cette exaltation si pure et si expansive avoit fait place aux angoisses les plus amères. J'étois traqué par six gendarmes, dans les grangeages d'un bon paysan plein d'énergie et de dévouement, qui n'avoit toutefois d'autre gîte à me donner que celui qu'il me conviendroit de fouir dans son grenier, sous les fourrages nouvellement récoltés. Il est difficile de se faire une juste idée de l'incommodité de ce séjour quand on n'a pas subi l'enivrement de son arome étourdissant et l'ardeur de sa température effervescente. Je fus cependant condamné, sous peine de capture, et peut-être de mort, à y passer trente-six heures d'anxiétés physiques et morales, de douloureux sommeil et de fatigant repos, qui ne peuvent se mesurer en aucune manière d'après les divisions communes du temps. C'étoit un supplice assidu et sans répit que le cauchemar m'a rendu plus d'une fois dans mes songes, et que Dante a oublié dans l'énumération des peines de l'enfer, une torture à laquelle il ne manque rien de celles des damnés, pas même je ne sais quelle durée fictive de l'éternité. J'avois senti de temps en temps s'alléger mon affreux fardeau, mais son poids étoit aussitôt remplacé par un autre, par le groupe lourd et mouvant des soldats qui me broyoient de leurs talons de fer sous le peu qui me restoit de ma molle et flexible toiture, en sondant profondément le foin de la pointe de leurs sabres. J'avois été atteint deux fois à la même jambe; un troisième coup m'avoit mis à nu, en glissant, le tendon extérieur des doigts de la main droite, que je tenois soulevée sur mon visage pour aspirer avec effort cet air brûlant et empoisonné qui entretenoit si péniblement ma triste existence. Si l'obscurité qui régnoit dans cette crypte de misère et de désespoir avoit permis qu'en les retirant ils regardassent leurs armes au tranchant de la lame, le sang dont elle étoit baignée m'auroit infailliblement trahi; mais, sûrs de n'avoir pas été avertis par un gémissement, par un cri, ou par une convulsion, qu'un homme caché se mouroit sous leurs pieds, ils la remirent tranquillement dans le fourreau, et s'éloignèrent sans insister davantage. Le foin qui recommençoit à s'accumuler sur moi par charges énormes me fit comprendre deux choses : la première, que j'étois sauvé d'un genre de mort, et la seconde, que je ne pouvois échapper à l'autre; car chaque brassée d'herbes qui venoit peser sur la masse dont j'étois accablé interceptoit de plus en plus ma respiration haletante. En effet, quand les cavaliers, alarmés par l'approche d'un orage qui s'avançoit rapidement, eurent enjambé leurs montures et repris à toute hâte le chemin de leurs quartiers, quand mes respectables hôtes furent parvenus à dégager mon corps gisant de son intolérable prison, je n'avois conservé qu'autant de connoissance qu'il en faut pour désespérer de la reprendre tout entière. Cependant le peu de signes d'existence que je donnois encore leur arracha des exclamations de joie. Les pauvres gens pensoient ne retrouver là qu'un cadavre.

Je fus rappelé à la vie par tous les soins que la bienveillance et l'humanité peuvent enseigner, et mes blessures, plus effrayantes à la vue que sérieuses en réalité, n'exigèrent qu'un pansement fort simple. — Mais c'étoit peu d'être délivré : il falloit fuir de nouveau ; il falloit fuir toujours. Il falloit profiter avec empressement de cette heure formidable où toutes les cataractes du ciel venoient de s'ouvrir, pour gagner un autre asile, car les perquisitions ne manqueroient pas d'être reprises la nuit suivante. Il falloit surtout éviter la grande route et les sentiers battus, pour me soustraire à la poursuite obstinée d'un gendarme plus persistant et mieux avisé que les autres qui avoit continué à parcourir le pays sur un rayon peu étendu, et qui circonvenoit en quelques minutes de course précipitée tous les environs de la métairie. J'avois précisément ce jour-là pour point de direction une petite auberge isolée située à une portée de fusil de Sellières, et tenue alors par un homme de cœur, patriote de la vieille roche, et fort affidé à nos intérêts politiques. J'y avois mandé à minuit le plus exact et le plus zélé de mes émissaires accoutumés, personnage adroit, rusé, imperturbable, exercé par vocation ou par infortune à toutes sortes de méchants métiers, et sur lequel je ne concevois cependant aucune défiance, parce que je le savois aussi impassiblement fidèle à sa parole pour une action honnête et loyale que s'il s'étoit agi d'une mauvaise. Aucune infraction de sa part à l'instruction reçue n'auroit changé mon opinion sur son compte. Elle m'eût prouvé seulement qu'il étoit prisonnier ou qu'il étoit mort. C'est dans le lieu dont je viens de parler qu'Hippolyte Bonin devoit me rendre mes *dépêches*, c'est-à-dire quelques nouvelles de mes parents désolés, quelques renseignements sur la destinée de mes amis fugitifs, et plus que tout cela dans la situation où je me trouvois, l'autorisation impatiemment désirée de renoncer à des tentatives déjouées par les événements, et de quitter un poste qui n'étoit plus tenable, pour aller embrasser dans la Suisse catholique l'étroite observance des solitaires de la Trappe, car je n'avois plus d'autre espérance et ne formois plus d'autre vœu.

Le trajet de la métairie à Sellières n'étoit

pas de plus de deux lieues à vol d'oiseau ; je n'en étois séparé que par une plaine profonde, encaissée de tous les côtés, et assez régulière au regard, que je savois n'être traversée par aucune rivière ni interrompue par aucun autre obstacle difficile à vaincre. Il étoit huit heures du soir. L'orage errant n'occupoit pas tout le ciel ; le soleil couchant frappoit la montagne de Toulouse d'un rayon horizontal qui devoit éclairer quelque temps encore son sommet, et c'est non loin de sa base que la petite ville de Sellières groupe ses rues mal percées et ses maisons mal bâties. Dans tous les cas, j'étois certain de ne pas perdre de vue la montagne et son noir clocher à la lueur des éclairs ; car la tempête duroit toujours, et, selon toute apparence, elle redoubloit d'horreur et de fracas. Je ne me souviens pas aujourd'hui, après tant d'années et tant de voyages dans des régions renommées par leurs ouragans et leurs météores, d'en avoir jamais vu de plus effrayante. Un enfant qui me précédoit, à l'endroit où j'étois obligé de couper le grand chemin, m'annonça, par un signe convenu entre nous, que le gendarme inquisiteur ne paroissoit point.

J'y passai en courant, et je m'enfonçai dans la vallée, sous les torrents d'une pluie battante qui m'avoit déjà pénétré de part en part.

La première partie du voyage ne m'embarrassoit pas beaucoup, et je m'y engageai avec d'autant plus d'assurance qu'au bout d'une demi-heure l'orage avoit tout-à-fait cessé. Le ciel à moitié éclairci, l'air entièrement apaisé, promettoient une nuit sereine, et les dernières lueurs du jour qui s'éteignoit découpoient si nettement à l'horizon l'église aérienne qu'on auroit cru pouvoir y toucher de la main; mais je ne parvins pas sans inquiétude aux bas-fonds de la plaine. Tous les versants du circuit l'inondoient de larges cascades. Il n'y avoit pas un sillon penchant qui ne fût devenu le lit d'un ruisseau, pas un ravin qui ne donnât passage à une chute rugissante, et toutes ces eaux en tumulte qui hurloient derrière moi alloient s'épandre à leur aise sur le lit uni des prairies, ou dormir immobiles dans les creux. Long-temps je louvoyai avec assez de patience les baies innombrables qui s'opposoient à mon passage, et qui, pendant que je marchois, repoussoient de plus en plus leur limite éloignée; le retour en sens opposé ne m'avoit fait franchir qu'une flaque étroite, et les toises me coûtoient des lieues. Je résolus de prendre ma traversée pour ce qu'elle étoit, pour une véritable expédition nautique, et je souris même à l'idée de me noyer le soir dans des plaines chargées quelques jours auparavant de ces jolies herbacées dans lesquelles j'avois failli étouffer le matin. Je cherchai seulement à m'assurer au gué des inégalités du sol que le niveau de l'eau me dissimuloit, et à conserver avec soin les hauteurs, la moindre méprise étant de conséquence pour un conspirateur incomplet qui ne savoit pas nager. Je dus faire ainsi beaucoup de chemin, car la montagne qui me tenoit lieu de pôle se rapprochoit toujours. J'en fis assez du moins pour m'enhardir jusqu'à la témérité, ne déviant jamais de mon but d'un seul pas qu'autant que l'élément usurpateur dépassoit un peu ma ceinture; et alors, explorant du bout du pied avec précaution mon hydrographie incertaine pour reprendre un poste plus avantageux. Je n'avois, hélas! pas pensé à me munir d'une autre sonde pour cette navigation mémorable à laquelle il faut convenir que je n'étois pas préparé. Il arriva cependant une fois que mes calculs me servirent mal. Soit qu'en tendant sans cesse aux points les plus élevés de l'espace parcouru, je me fusse exhaussé peu à peu au revers d'une propriété garnie de fossés, soit par toute autre cause qu'expliqueroient aussi naturellement les accidents du terrain, je sombrai subitement jusqu'à la hauteur des épaules, et, pour comble de disgrâce, ma sonde inutile ne trouva de fond autour de moi à aucune des portées du compas. Mon parti fut bientôt pris, car il m'étoit imposé par une nécessité peu équivoque. A mes côtés il n'y avoit que la mort, une mort sans éclat et sans poésie, que j'ai pu décrire, comme on voit, avec quelque vérité de couleur, dans *le Peintre de Saltzbourg*, naïve contr'épreuve de mes tristes aventures de jeune homme. J'avois au contraire l'espérance bien fondée de voir diminuer peu à peu les eaux qui m'entouroient, car j'avois observé depuis quelque temps que je suivois une pente peu sensible à la vérité, mais dont leur courant marquoit bien la déclivité. Les corps légers enlevés par l'inondation, et qui nageoient à la surface, descendoient dans la direction même de mon aventureux voyage ; et comme l'orage n'avoit pas été long, j'en conclus assez logiquement que les bouches multipliées de ce fleuve fortuit des tempêtes ne tarderoient pas à tarir. Au même instant la lune se dégagea des derniers nuages, plus resplendissante que jamais, et la vallée présenta un des tableaux les plus extraordinaires qu'on puisse imaginer, surtout pour le malheureux personnage accessoire qui occupoit dans sa vaste composition une place si incommode. Ce n'étoit plus qu'un lac immense jonché de noirs îlots, et sur lequel des arbres clairsemés, sans tiges apparentes, balançoient çà et là leurs rameaux échevelés, comme des plantes aquatiques ; mais je ne pensai guère à le peindre pour la postérité dans le goût de cette belle image qu'Appelle suspendit aux rivages de Neptune, et à le plier aux règles de ce langage nombreux et mesuré que mes idées revêtoient si facilement alors. Je sentois trop dans ce moment-là que la verve de mon âge d'inspiration et d'enthousiasme ne résistoit pas aux impressions du froid que je commençois à éprouver dans toute sa rigueur, surtout aux parties de mon corps qui étoient successivement abandonnées par les eaux, et ma muse grelottante n'aspiroit plus qu'à un endroit où sécher ses ailes. Cette sensation m'annonçoit pourtant que mes conjectures étoient en bon train de se réaliser. Plusieurs heures s'étoient écoulées dans cette position, et une partie du torrent avec elles. Une espèce de promontoire qui m'avoisinoit, de manière que je pouvois y atteindre de la main, venoit de se découvrir auprès de moi. Je m'y cramponnai avec toute la vigueur que prête à une grande énergie de muscles et de volonté une résolution dont on fait dépendre le salut de sa vie, et, les doigts profondément fixés dans ses anfractuosités les plus résistantes, je m'y transportai d'un élan, mais en laissant mes souliers incrustés dans le sol bourbeux sur lequel je pesois depuis si long-temps, comme Empédocle ses pantoufles au bord du cratère. Je ne fus pas tenté de plonger pour les reprendre, quoiqu'ils fussent presque neufs, et que je ne m'en connusse pas une autre paire à moins de vingt lieues à la ronde. Heureusement mon promontoire apparent étoit bien autre chose, ma foi, qu'un de ces caps vulgaires qui vont briser leur pointe émoussée contre les flots d'un abîme; c'étoit un isthme parfaitement conditionné qui unissoit les terres submergées aux terres solides, et des deux côtés duquel les eaux se séparoient d'un commun accord pour descendre et se perdre je ne sais où. Je le suivis intrépidement à pieds nus, attaquant sans m'émouvoir les saillies incisives et brutales qui se multiplioient sous mes pas, et imprimant à chacune des traces fort visibles de ma pérégrination nocturne, pour l'instruction et l'usage de ceux qui seroient tentés d'en retrouver l'itinéraire. Déja l'appareil improvisé de mes blessures avoit cédé à l'action permanente de l'humidité; mon sang couloit en abondance de toutes les issues que le sabre lui avoit ouvertes, et une foiblesse croissante, un vague étourdissement, un frisson universel qui parcouroit convulsivement tous mes membres transis, me menaçoient de n'arriver jamais quand j'arrivai enfin. O bonheur! c'étoit la maison indiquée, et je ne pouvois pas m'y méprendre. Je m'appuyai contre la porte, je frappai, je gémis, je criai, je parlai peut-être. Elle s'ouvrit à la lueur d'une lampe, et se referma aussitôt. Je conçus facilement cet accueil inhospitalier. Dans mon état, je ne pouvois que faire horreur ou pitié, et j'avois fait horreur.

Une voix rigoureuse partie de l'intérieur me prévint charitablement qu'à la moindre marque d'obstination, je serois salué d'un coup de fusil chargé à balles. Misérable que j'étois, et tout dépourvu alors du libre exercice de mes facultés morales, qui pourra le croire? comme un homme heureux de vivre, j'eus peur d'un coup de fusil. Je longeai la muraille en tâtonnant et et en y lithographiant d'espace en espace l'empreinte de ma main sanglante. Je passai de là, en redoublant d'efforts, aux clôtures prolongées des attenances, des jardins, des vergers, des vignes, des champs ; et quand les clôtures manquèrent tout-à-fait, je tombai sur une butte de pierres amassées sans doute pour les continuer. Deux heures sonnoient à Sellières.

J'en étois là, livré à une espèce d'anéantissement qui suspendoit jusqu'à mes douleurs, quand je fus tiré de cette langueur morne et semblable au mauvais sommeil d'un malade par les refrains d'une chanson joyeuse. Je me rappelai confusément que ce jour-là devoit être un dimanche, et je compris, sans m'en soucier davantage, que ce bruit annonçoit le retour de quelque grivois atardé qui sortoit du cabaret. Seulement je me rangeai avec un peu plus de précaution sur ma rude couchette pour ne pas mettre d'empêchement à son passage. Ce mouvement me décéla, et le jeune homme, s'approchant de moi, s'abaissa doucement à mon oreille, et me frappa l'épaule d'un petit coup d'avertissement :

« Holà hé ! bonhomme, me dit-il, d'où êtes-vous qu'on vous y mène ? Ce n'est pas raison, parce que vous avez peut-être bu un verre de trop, mon cher camarade, pour qu'on vous laisse coucher à la lune sur un tas de pierres comme un chien mouillé. L'air qui sort de terre n'est pas bon à la santé quand il a plu chaud, c'est connu. Il faut convenir, comme dit ma mère, que le vin est un mauvais maître ; mais le bon Dieu est pour tout le monde, et les amis sont toujours là. »

Je soulevai ma tête aussi bien que je pus vers ce digne garçon, je le remerciai, et je lui racontai en peu de mots ce qu'il m'étoit permis de raconter sans imprudence de mon voyage et de mes accidents, parce que j'avois fort à cœur qu'il n'emportât pas la fausse opinion qu'il s'étoit faite de moi. Il pouvoit, en effet, me rencontrer le lendemain dans la rue, quand je serois tombé entre les mains des gendarmes, comme cela paroissoit inévitable, et sa charité me faisoit attacher du prix à son estime.

« Oh! oh! reprit-il, c'est une autre affaire, et je vous demande pardon, monsieur, de vous avoir pris pour un ivrogne, puisque vous n'êtes, sauf le respect que je vous dois, qu'un vagabond honnête. C'est tout de même étonnant, à moins que vous ne soyez déserteur.... ou peut-être un de ces bourgeois qui se font chasser comme des renards dans toutes les broussailles du Jura, pour les affaires du prince de Conti.... Mais assez parler; taisez-vous, ma langue, ça ne nous regarde pas! Ce qui me regarde, en qualité de chrétien, c'est de vous faire coucher quelque part un peu à l'aise, et si le lit d'un pauvre ouvrier?.... »

Il s'arrêta sur ces mots, de manière à leur donner le sens d'une question modeste.

« Un lit! m'écriai-je, non, non, monsieur!

une petite place dans votre chambre, une planche pour me reposer, un coin pour me tapir! rien, rien, qu'un endroit écarté où je puisse me déshabiller, me réchauffer et dormir. Ma vie dépend de vous.

— Dans ce cas-là, vous pouvez être tranquille, continua le jeune homme en pliant les genoux pour se mettre à ma hauteur; jetez bravement vos bras autour de mon cou, et laissez-vous aller comme un enfant. Quoique petit, j'ai le jarret et les reins assez forts pour vous porter tout d'un trait jusqu'à Mantry, et nous n'avons que deux pas.

— Encore une fois non, mon cher ami, répondis-je en me levant avec une peine horrible, que je parvins cependant à lui dissimuler, et en m'affermissant de tout mon pouvoir sur mes pieds meurtris et déchirés. Je vous prierois seulement de me prêter d'ici là un bras secourable, si je ne craignois de mouiller vos habits....

— Laissez donc, dit-il en liant fortement autour de mon corps le bras que je cherchois, et en m'enlevant à demi; mes habits en verront bien d'autres ! — O mon Dieu ! que vous avez froid ! »

Nous arrivâmes enfin dans sa chambre. Il étoit temps pour moi. Je l'embrassai en pleurant de reconnoissance, et je m'étendis avec une sorte de volupté sur le plancher sec, pendant qu'il allumoit une bourrée. Quelques momens après, mes membres se reposèrent dans un lit, et je ne tardai pas à y être saisi d'un sommeil fiévreux qui m'enleva tout souvenir du passé. Je ne m'aperçus qu'à mon réveil que j'avois dormi seul, tandis que mon hôte passoit les dernières heures de la nuit sur une chaise. Il ne me laissa pas le temps de m'en plaindre. Il venoit de faire la revue de sa garde-robe pour y choisir ce qui convenoit le mieux à remplacer quelques-uns de mes vêtemens hors de service, et il étaloit devant moi toutes ces humbles richesses avec un sentiment évident de satisfaction ; car il n'y avoit certainement rien de plus propre et de plus élégant à Sellières dans les nippes d'un compagnon. Cependant je le vis tourner sur ses beaux souliers neufs un regard presque honteux. C'étoit sans doute la pièce la plus essentielle de mon ajustement, et la disproportion étoit trop forte pour qu'il fût possible de penser à en faire usage.

« Encore, murmura-t-il entre ses dents, si cela s'étoit trouvé un samedi ! le dimanche matin, poursuivit-il très-bas, l'ouvrier est en fonds.... mais le dimanche soir !.... ah bien oui ! le dimanche soir !.... »

Il rougit jusqu'au blanc des yeux, introduisit inutilement sa main sous l'empeigne pour l'élargir, tira inutilement le quartier à lui pour l'allonger jusqu'à faire éclater la couture, et jeta les souliers de dépit.

Je pénétrois son touchant embarras. Je fouillai dans la poche de mon pantalon, et j'en ramenai une petite bourse de maroquin fort légère, mais que sa pesanteur spécifique, si peu de chose qu'elle fût, avoit pourtant maintenue à fond dans mon naufrage. Elle contenoit quatre louis doubles, trésor encore énorme et presque extravagant pour un homme que son genre de vie éloigne de toutes les occasions de dépense et met à la merci de la charité. J'en laissai retomber deux dans la bourse, et, plaçant le reste dans la main de mon hôte : « Rendez-moi un dernier service, lui dis-je. Il me faut, en effet, des souliers ferrés et de la plus grande mesure; mes bas de laine ont aussi grand besoin d'être renouvelés; je me passerai d'autre chose, car je ne suis pas accoutumé aux douceurs de l'aisance, et je n'aurai plus qu'à vous faire de tendres adieux, en priant le ciel de permettre que je vous revoie dans des jours plus favorables.

— Bon! répondit-il en souriant et en s'efforçant de me faire reprendre une de mes pièces d'or, monsieur ne sait pas ce que valent des bas de laine et des souliers ferrés. J'aurai plus des deux tiers d'un seul de ces doubles louis à lui rendre.

— Non pas, s'il vous plaît, repris-je en repoussant sa main; car vous ne me refuserez pas de conserver le surplus pour vous réjouir en mémoire de moi, pendant deux ou trois dimanches. Vous savez que ces plaisirs innocens et naturels vous portent quelquefois bonheur; ils peuvent vous fournir encore l'occasion d'une action généreuse.

— Fi donc! répliqua le jeune homme en jetant la pièce sur mon lit. Où seroient le plaisir et l'honneur d'obliger petitement son prochain, si cela rapportoit de l'argent ? Ce seroit bien plutôt à moi de vous épargner cette dépense, et je n'y manquerois pas si..... si ce n'avoit été hier dimanche. »

Je n'insistai plus. Il sortit pour aller faire ces petites acquisitions et pour se mettre à la recherche de Bonin, qui devoit m'attendre encore. Je le rappelai comme il faisoit passer la clef à l'extérieur, afin de me renfermer pendant son absence.

« Quand on a eu le bonheur d'acquérir un ami tel que vous, lui dis-je avec une grande effusion de cœur, on seroit bien ingrat si l'on s'exposoit à en être séparé sans se ménager le moyen de le retrouver un jour. Vous ne m'avez appris ni votre nom ni votre état.

— Oh ! mon état ; c'est pour n'en pas finir : charpentier, menuisier, maçon, couvreur, vitrier, badigeonneur, tout ce qui concerne le bâtiment, généralement quelconque, excepté le ferrement. On fait de tout pour vivre, dans les petits endroits ; encore a-t-on quelquefois bien du mal. Pour ce qui est de mon nom, il est aisé à retenir, et on n'en trouve pas beaucoup : je m'appelle Amour de Dieu.

— Amour de Dieu ! m'écriai-je en tressaillant, comme si j'avois reconnu dans ce bon jeune homme un symbole vivant de la protection du ciel. Amour de Dieu ? dites-vous ; mais ce n'est pas là un nom.

— Cela est possiblement vrai, répondit-il en riant. Mon père contoit souvent que c'étoit comme une récompense que les honnêtes gens du pays avoient donnée à ses anciens, et il ajoutoit en me caressant, quand j'étois petit, que je prospérerois toujours tant que j'aurois mon nom devant les yeux. Pauvre cher homme ! le Seigneur veuille avoir son âme avec lui ! »

En achevant ces paroles, Amour de Dieu sortit pour tout de bon. Une demi-heure après, mes commissions étoient faites.

Je sais bien que ces récits, dans lesquels je me complais trop long-temps peut-être, sont loin d'offrir l'intérêt pathétique et le mouvement passionné qu'on cherche aujourd'hui dans les moindres compositions littéraires ; mais si on considère que je les tire pièce à pièce d'un journal tout-à-fait intime, qui ne fut jamais écrit pour le public, on me saura probablement quelque gré de n'avoir point aspiré à relever la naïveté de mes impressions par des épisodes factices, que mon imagination n'auroit pas été en peine de broder sur un canevas plus simple encore. C'est précisément parce que les faits très-vulgaires que je raconte ne valoient pas la peine d'être inventés, qu'ils peuvent éveiller dans l'âme d'un lecteur accoutumé à se contenter d'émotions douces et vraies un peu de cette sympathie affectueuse qui se fortifie par la confiance, et je préfère beaucoup ce genre de succès au vain plaisir d'étonner l'esprit par d'ingénieux mensonges. La fiction n'a pas un mot, pas un nom à réclamer dans ces pages sincères; et si vous passez jamais à Sellières, mon ami Amour de Dieu pourra vous en confirmer l'exactitude, en tout ce qui ne touchera pas d'une manière trop immédiate aux secrets de sa modestie. Je ne doute pas qu'il n'y vive encore aujourd'hui et pour de longues années. C'est du moins une garantie presque infaillible de longévité que l'habitude des bonnes œuvres et le calme d'un cœur satisfait de lui-même. Les bienveillants ne vieillissent presque pas. Hélas! ils ne devroient pas mourir!

Hippolyte Bonin s'étoit trouvé au rendez-vous; mais il n'arriva près de moi qu'à la nuit tombée, parce qu'il avoit lieu de soupçonner qu'on surveilloit ses démarches et de craindre par conséquent que sa visite ne décelât ma retraite. Les lettres dont il étoit chargé pour moi contenoient la solution de tous mes doutes; elles étoient fort développées et fort explicatives. J'étois enfin affranchi des devoirs d'une mission devenue plus périlleuse encore depuis qu'elle étoit devenue inutile. Mon père me pressoit de quitter la France, et m'autorisoit même à embrasser la vie solitaire à laquelle je me croyois appelé, pourvu que je ne m'y engageasse point par des vœux. Quant à mes amis de dévouement et de misère, quelques-uns m'avoient déjà devancé à l'étranger; d'autres étoient prisonniers dans des forteresses qui rendoient rarement leur proie. Un d'eux s'étoit brûlé la cervelle. Clémentine n'avoit pas été vue; mais on parloit pour elle d'un projet de mariage qui paroissoit sur le point de s'accomplir. Mon cœur étoit trop malade pour pouvoir se soulager par des larmes. J'éprouvois un invincible besoin de rentrer hardiment dans mes périls pour me distraire de mes chagrins. Je demandai à Bonin s'il savoit quelque moyen de me faire parvenir avant le jour, sans suivre aucune route pratiquée, à ce point des hauteurs de Poligny d'où l'on découvre si distinctement la chaîne éblouissante des Alpes helvétiques, parce que je me croyois assuré de gagner de là facilement les frontières de la Suisse. Il me répondit par je ne sais quelle affirmation ricanneuse qui lui étoit particulière et qui couvroit toujours d'une apparence de gaieté sardonique ses résolutions les plus téméraires. Je le savois d'avance. Hippolyte Bonin ne m'auroit pas répondu autrement si je lui avois demandé de me conduire sur le chemin de l'enfer.

Je me remis à sa garde sans balancer davantage; j'embrassai Amour de Dieu, et nous partîmes.

Le ciel étoit très-pur, et la lune l'illuminoit, comme elle l'avoit fait un moment la veille, de la plus pure clarté; mais nous parcourions des bois épais et sombres, où elle ne se montroit à nos yeux que de distance en distance, dans quelques rares clairières.

Quoique la conversation de Bonin ne manquât ni de solidité ni d'agrément, et j'en dirai tout à l'heure la raison, j'avois peu de relations nécessaires qui m'inspirassent plus de répugnance. Son scepticisme railleur, qui s'exerçoit à plaisir sur toutes les pensées tendres et généreuses de l'homme, avoit souvent froissé mon âme dans ses plus tendres mouvements. Je marchois donc en rêvant à travers l'étroite avenue qu'il m'ouvroit dans le fourré, en me demandant par quelle combinaison imprévue d'événements la nuit qui commençoit alors pourroit enchérir sur la précédente en angoisses et en terreurs. Je ne sais pourquoi cette idée me poursuivoit avec une obstination irrésistible, si ce n'est sans doute parce qu'elle m'étoit envoyée comme un pressentiment ; mais avant d'en venir à cette partie de mon récit, qui est plus singulière et plus animée que le reste, il faudroit parler de Bonin, il faudroit le peindre, et la hideuse et tragique importance qui s'est attachée à son nom dans le pays où il a vécu m'en impose en quelque sorte l'obligation. Cependant ce chapitre, déjà si long et d'ailleurs si vide pour la plupart de mes lecteurs, ne m'en laisse plus le temps. Eux et moi, nous sommes également pressés de finir; et puis, je n'ai plus ce privilége de résistance élastique qui me permettoit de me délasser des souffrances de la veille dans les souffrances du lendemain. Ces agitations convulsives, premier élément de ma vie, me coûtent plus de peine à décrire aujourd'hui qu'elles ne m'en coûtoient autrefois à supporter, et je recule avec dégoût devant la nécessité d'achever une histoire qui a perdu le peu d'intérêt qu'elle pouvoit offrir en perdant son *actualité*. Ce qui étoit assez vif et assez poignant alors d'impressions communes à tous, conserve à peine maintenant, pour soutenir l'attention, le pâle reflet d'un souvenir qui s'évanouit. Je ne me dissimule pas qu'on penseroit en vain à le rajeunir si on ne possédoit à un haut degré cet heureux don d'un style pittoresque et vivant qui fait tout lire, et que des critiques d'un goût exercé me refusent. J'en resterai donc ici de ma narration, à moins qu'une voix qui a tout pouvoir sur mes résolutions n'en réclame la fin : la voix d'un être sensible, quel qu'il soit, qui s'associe à moi par des sympathies fraternelles et dont le cœur aime à causer avec le mien.

§ II.

Si on a conservé quelque vague impression du chapitre précédent, on se souvient peut-être qu'on m'a laissé à travers bois avec un conspirateur de village qui me guide comme il peut, dans la double obscurité de la forêt et de la nuit, vers un autre chemin aussi infréquenté que possible, d'où je dois gagner les hauteurs de Poligny, et, s'il plaît à la Providence, les frontières de la Suisse. Dans le cas où l'on ne s'en souviendroit pas, on peut très-bien se dispenser de s'en souvenir, car ce que je viens d'en dire a toute la précision et toute l'élégance d'un sommaire. Quand j'aurai ajouté que mon compagnon s'appelait Hippolyte Bonin, on saura tout ce qu'il convient de savoir pour comprendre le reste.

Hippolyte Bonin, dont la suite a fait un personnage, et quel personnage, grand Dieu! étoit un homme de trente à trente-deux ans, qui, vu par derrière, comme je l'aurois vu si la lune avoit pu m'éclairer dans ces taillis déjà élancés et vigoureux, paroissoit en avoir soixante et davantage à la courbure de son corps fatigué dont le buste se courboit en demi-cerceau sur deux jambes arquées et tratelantes. En face, et quand l'énergie du plaisir ou de la colère lui permettoit de reprendre la perpendiculaire et l'allure d'un homme, c'étoit tout autre chose : un joli garçon de bonne maison déguisé en rustre ; et, comme les gens d'esprit mettent tout à profit, cette physionomie équivoque lui avoit servi deux ou trois fois à se rendre la justice favorable dans des questions d'identité. Hippolyte Bonin, vigneron de son état, étoit d'ailleurs homme du monde, et, qui plus est, homme à bonnes fortunes; et il ne sortoit jamais, dans les grandes occasions, sans porter le frac soigné du petit-maître de campagne sous le sarrau du paysan. Il y avoit en lui un aventurier multiple, une espèce d'Abélino ou de Sbogar au petit pied.

La nature ne lui avoit pas refusé quelques-unes des faveurs qui pouvoient le rendre propre à son rôle de Lovelace. Il n'étoit à la vérité ni grand ni bien tourné, ce qu'il dissimuloit toutefois avec assez d'adresse, quand il avoit besoin d'y prendre garde; mais un nez aquilin tant soit peu proéminent, une bouche fraîche et gracieuse, un sourire plein de finesse, des dents superbes, et, mieux que tout cela, des yeux d'un bleu céleste surmontés de sourcils d'ébène que relevoit la peau la plus blanche, la plus délicate et la plus harmonieusement colorée que j'aie vue de ma vie (dans un homme s'entend), lui composoient une figure remarquablement distinguée. Il n'étoit bruit que de ses succès, et j'ai quelquefois amèrement souri de les comprendre en le voyant tourner sur de pauvres femmes ce regard humide, tendre et caressant, sous lequel ma pénétration, plus instinctive ou plus exercée, discernoit un feu sardonique et cruel, comme une étincelle d'enfer. Maintenant encore, après tant d'années, le beau regard de Bonin, avec son expression d'ironie et son reflet faux, me poursuit et me tourmente dans mon sommeil.

Outre son esprit naturel, qui étoit très-vif et qui abondoit en saillies, Hippolyte Bonin apportoit dans la conversation les avantages d'une éducation peu commune parmi les gens de son état. Fils d'un riche cultivateur, il avoit étudié pour être prêtre ; et s'il ne reçut pas les ordres, ce que je n'ai point éclairci, c'est que la réquisition le saisit au moment où il alloit les recevoir. Les événements le firent soldat, sergent, orateur de caserne, meneur d'une société populaire, et acteur en première ligne, s'il falloit l'en croire, dans les scènes tragiques de Lyon *affranchie* par la guillotine. Il se *flattoit* peut-être. Au moment dont je parle, Bonin étoit enrégimenté comme moi sous les drapeaux de l'alliance qui reconnoissoit les Bourbons pour chefs. Il s'étoit fait royaliste constitutionnel, non du propre mouvement d'une affection consciencieuse, car la conscience et l'affection n'avoient pas beaucoup de prise sur lui, mais parce qu'il abhorroit Bonaparte, qui s'étoit attribué une part trop large, au grand détriment des révolutionnaires, dans les dépouilles du pays, et puis, parce qu'il ne voyoit dans une restauration opérée selon nos principes, à la vérité fort confus, qu'une transition rétrograde au bon temps de l'anarchie. Un jour qu'il faisoit parade assez insolemment de quelques horreurs prétendues patriotiques auxquelles il prétendoit avoir prêté les mains : « Hippolyte, lui dis-je, il sera prudent de vous taire là-dessus devant nos messieurs, car, de l'humeur dont je les connois, ils sont hommes à vous faire pendre s'ils réussissent. — Bon ! reprit-il en me flattant de cet œil doucereux qui me faisoit peur, ils ne sont pas si hâtifs, et ils ne s'y prendront jamais assez tôt pour avoir l'avance. » Bonin pénétroit mille fois plus profondément que moi dans les secrets d'un avenir politique.

Rentré au toit paternel, et devenu maître de sa fortune, Bonin n'avoit mis qu'un an ou deux à la dissiper. Le jeu l'avoit introduit dans ces repaires de la bonne compagnie où l'on raffine sur les vices de la mauvaise. La misère l'en avoit chassé. Il ne conservoit pour tout relief de sa vie d'illusions que deux ou trois billets doux d'une marquise intrigante qui nous avoit fait présent de cette dangereuse recrue ; mais, comme il étoit doué au plus haut degré de l'esprit de résolution, il subissoit sa destinée sans se plaindre, en attendant les chances nouvelles qui lui rendroient son bien, ou l'occasion de prendre celui des autres ; le rétablissement du comité de salut public, par exemple, ou celui de la monarchie. C'étoit tout un. Jusque-là il cultivoit sa vigne le sabre au côté, parloit latin à son curé, dont il ne fréquentoit guère les offices, rattrapoit en détail aux petits, avec des cartes officieuses, l'argent que lui avoient volé les grands, intervenoit comme agent essentiel dans toutes les affaires scabreuses, amendoit dans la perfection les actes irréguliers, tenoit bureau ouvert de feuilles de route pour les déserteurs ou de passe-ports pour les forçats, et, tout usé par la débauche, qui avoit fléchi son épine dorsale et rouillé le ressort de ses articulations, il faisoit encore marcher de front dix intrigues amoureuses. Complaisant, officieux, nécessaire, et ménagé de tout le monde, parce que tout le monde le redoutoit plus ou moins, tel étoit mon compagnon de voyage, et tel je le soupçonnois depuis quelque temps; mais je n'avois jamais reçu de lui que des preuves de courageuse fidélité, et j'aurois rougi de concevoir la moindre défiance sur son compte quand même je n'aurois pas été rassuré par mes armes. Je n'y pensois pas.

Je continuois à marcher à la suite de Bonin quand un coup de sifflet fort aigu et singulièrement modulé se fit entendre à cent pas de nous. Bonin s'arrêta, je l'imitai, et au même instant mes oreilles furent frappées d'un second coup de sifflet beaucoup plus rapproché, mais d'ailleurs parfaitement semblable à l'autre. Cette fois-là, c'étoit Bonin qui siffloit.

« Que faites-vous, Hippolyte? lui dis-je à

demi-voix. Vous êtes un imprudent! Ce sont peut-être des malfaiteurs ou des espions auxquels vous indiquez maladroitement notre chemin.

— Laissez donc, répondit-il en ricanant, ce ne sont ni des espions ni des malfaiteurs : ce sont des amis. »

Et à peine avoit-il prononcé ces paroles que les broussailles s'ouvrirent, et qu'un homme tomba entre nous deux en bondissant.

« Bonne rencontre! s'écria Bonin en riant. C'est Pancrace lui-même. Qui diable t'attendoit là?

— Le diable en effet, et probablement un de ses compagnons, dit-il en me toisant d'un air familier. Le sabbat se tient-il maintenant le lundi pour vous trouver en route à pareille heure? O mes braves, il y a ici quelque méprise! je ne vous aurois jamais cherché sur un chemin plus étroit qu'il ne convient au passage d'une diligence.

— Tais-toi, badin, reprit Bonin en lui jetant le bras autour du corps et en pressant le pas avec lui; ne raille pas aujourd'hui sur ces choses-là. Dans les bois, c'est effrayant. »

Ils marchèrent, et je ne les entendis plus ; mais j'avois eu le temps d'envisager le nouveau venu à un rayon de la lune, et ses traits ne sortiront jamais de ma mémoire. C'étoit une de ces figures rêvées où se confondent le cynisme du libertinage et l'audace du crime. Sa barbe épaisse et difforme, ses accoutrements composés de haillons disparates, sa carabine passée en sautoir avec un autre baudrier qui paroissoit soutenir un couteau de chasse, en faisoient l'idéal d'un de ces bandits que j'avois vus au mélodrame. Je me jugeai heureux de pouvoir me dispenser de prendre part à l'entretien animé et quelquefois orageux qui occupoit mes deux aventuriers, et je les suivis sans me hâter, car je n'étois pas autrement impatient de les rejoindre. Cela dura longtemps. Ma répétition venoit de sonner minuit, quand Bonin rebroussa chemin tout seul et me rejoignit en chancelant.

« Tu es ivre, lui dis-je en le repoussant comme il alloit me heurter dans l'ombre ; mais qu'est devenu ton camarade ?

— Le camarade s'en est allé avec sa gourde vide et sèche comme une promesse de grand seigneur. Excellente eau-de-vie, ma foi! je ne sais pas où il la prend; et un homme de tout cœur, ce digne Pancrace, un homme qui n'a rien à lui!

— Je le croirois volontiers, et je suis fâché, Hippolyte, de vous connoître de tels amis!

— Et comment les demandez-vous? Il ne faut pas être si dégoûté quand on conspire. La guerre des buissons ne se fait pas avec des manchettes de dentelles, parce qu'on risqueroit fort, voyez-vous, de les laisser aux épines. De tels amis, monsieur! Dieu ou le diable veuille nous en donner dix mille tout à l'heure, et je fais bénir demain matin à Lons-le-Saulnier votre drapeau blanc et votre épée, ou toute autre broche et tout autre chiffon, au maître-autel de Saint-Désiré, avec un accompagnement sempiternel de *Te Deum*. Mon ami Pancrace que vous venez de voir là, ce noble et beau Pancrace, est un garçon solidement planté sur le jarret, ferme sur les hanches, inébranlable comme le mont Poupet qui est par là haut, intrépide comme un Bras-de-fer, comme un César, comme un Judas Macchabée, comme autant d'avaleurs de charrettes ferrées que vous m'en citeriez d'ici à demain dans l'histoire ; et je me serois fait un plaisir et un devoir de vous le présenter s'il y avoit eu moyen de l'attacher à l'état-major de la restauration constitutionnelle, qui s'en va un peu décousu pour le quart d'heure. Ce seroit un fameux champion à la bonne cause ; mais il n'est pas établi dans le pays. C'est un gentilhomme bressand qui voyage pour ses affaires.

— Marche, et tire-moi d'ici. La bonne cause n'a pas besoin de l'appui d'un voleur de grand chemin.

— Pour voleur de grand chemin, je ne vous dirai pas. Je ne m'informe jamais de l'état d'un honnête homme de ma connoissance qui n'a pas jugé à propos de mettre enseigne et de payer la patente. Voleur de grand chemin ! vous m'y faites songer ; mais c'est, vrai Dieu ! possible. Je le lui demanderai la première fois que j'aurai l'avantage de le rencontrer ; il ne prendra pas ombrage de moi, le cher homme ; je ne lui couperai pas l'herbe sous les pieds ; je ne chasse pas sur ses terres. C'est la seule profession distinguée à laquelle je n'aie pas pensé, car je ne ferois pas tort d'un sou marqué à la caisse de M. Danet, autrement que pour le service de la constitution. Si le roi l'ordonne, c'est bon; je sais ce que c'est que du devoir d'un subordonné. — Diable! voleur de grand chemin, continua-t-il en grommelant... Bon pied, bon œil, bon bras et bonne tête; prompt à l'attaque, enragé à la défense; à la retraite, un lutin; ni vu ni connu! Et avec cela, exercé à la fatigue, à la faim, à la soif, au bivouac; toujours prêt à voir couler le sang des autres sans pitié, le sang de ses camarades et le sien sans foiblesse; les doigts préparés aux poucettes, les malléoles aux anneaux de fer, la nuque à l'accolade du bourreau, cela n'est pas trop mal. Soldat de guerre civile ou voleur de grand chemin, de quel côté mettez-vous l'honneur, s'il vous plaît? N'a pas qui veut des voleurs de grand chemin pour relever une couronne. Les voleurs de grand chemin sont fort bons.

— Marche, repris-je avec indignation, marche, te dis-je, et surtout épargne-moi tes monologues de bandit. J'ai à m'entretenir d'autre chose avec moi-même que des rêveries d'un ivrogne. »

Il poursuivit sa route sans parler intelligiblement, mais en déclamant à tour de bras et en s'arrêtant de temps en temps, comme pour recueillir ses idées.

J'avois besoin, en effet, de me retrouver seul un moment et de me rendre compte, hélas! pour la première fois, de la résolution que j'avois embrassée avant d'en mesurer la portée et d'en calculer les résultats. Il y avoit du vrai dans l'effrayante comparaison que venoit de faire Bonin, et cette idée pesoit sur mon cœur comme un remords. Qu'elles mènent loin, les frénésies de l'opinion!.... que dis-je! de la vanité, du besoin puéril d'exciter un vain bruit par un vain dévouement dont les succès inutiles n'aboutiroient qu'à river une autre chaîne au peuple, ou bien de faire palpiter de quelque émotion compatissante le cœur dédaigneux ou pusillanime d'une femme qui n'a pas osé se prononcer pour nous. De quel droit avois-je entrepris d'intéresser dans ces honteux mouvemens de mes secrètes passions le repos et la vie des autres? Et le ministère que j'accomplissois en aveugle, qui me l'avoit imposé? qui m'avoit donné ces chefs dont je n'étois plus à pénétrer les véritables motifs? Ma vocation même étoit-elle fondée sur un sentiment profond, sur une conviction réfléchie? Non, elle ne l'étoit pas. Je voyois déjà dans la politique ce que j'y vois encore aujourd'hui, pour l'ambition un prétexte, pour le peuple une illusion; un marchepied pour les intrigants, et un piége pour les sots. Moi aussi j'étois devenu, sans le savoir, un de ces hommes artificieux qui préoccupent la crédulité publique de chimères dont ils connoissent le néant, ou une de ces dupes imbéciles qui marchent les yeux fermés à l'abîme, sur un chemin dont elles n'ignorent pas le danger. Et ce danger, je ne l'avois jamais mieux apprécié que depuis qu'il étoit venu m'effrayer de l'idée d'un contact, et peut-être d'une alliance avec 'e rebut de la société humaine. O mon Dieu! que seroit-il arrivé si les soldats qui me poursuivoient m'avoient saisi dans ce bois, en conférence avec un scélérat convoqué par le signal des voleurs? Quel souvenir aurois-je laissé à mes proches, à mes amis, si j'étois mort là, si j'avois été jeté là dans une fosse à côté d'un misérable que les lois avoient sans doute flétri, que l'échafaud réclamoit sans doute? Qu'auroit pensé mon père? C'étoit cependant contre cette chance d'éternelle ignominie que j'échangeois depuis deux ans le calme d'une vie innocente et pure, et mes études si douces, et mes rêveries si poétiques, et mes longues espérances. Que de bonheur perdu pour quelques émotions insensées! — Puissé-je le faire entendre aujourd'hui aux infortunés qui seroient tentés de s'aventurer dans la même voie, ce cri douloureux, ce mortel regret de l'âme qui me poursuivoit avec une obstination furieuse, comme pour me pousser au délire et au suicide! Le conspirateur est peut-être le plus coupable des hommes, car il se rend responsable devant la nature et devant Dieu de tout le sang inutile que ses manœuvres coûteront à l'humanité; mais plaignez-le pourtant, car de tous les hommes il est le plus malheureux. Nul ne lui tiendra compte, au jour de la victoire, de ses souffrances et de ses périls. Ce qui lui reste alors en pleine propriété, c'est la solidarité du crime; c'est sur lui que s'amassent dans toutes les histoires les malédictions des peuples. Le but le plus glorieux où puisse tendre sa mission de désespoir, c'est le champ de bataille de Philippes ou la plaine de Grenelle. Son nom ne grandit qu'au prix d'une expiation de sang qui l'absout d'avoir été maniaque et assassin. Ce n'est ni l'admiration ni la reconnoissance qui lui décernent une espèce d'apothéose : c'est la pitié.

Pendant que je me livrois à ces méditations amères, le ciel avoit changé d'aspect. Des nuages pressés en bancs énormes couroient et s'amonceloient sur nous de tous les points de l'horizon. Un de ces orages nocturnes si communs et si impétueux dans les basses vallées de nos montagnes commençoit à gronder. Les arbres les plus vigoureux s'inclinoient à l'effort de la tempête, et se relevoient avec d'horribles gémissements. Un d'eux fut frappé du tonnerre à quelques pas de moi, et me couvrit de ses éclats. J'avois perdu Bonin de vue dans les ténèbres qui s'accroissoient de moment en moment. Je le retrouvai, à la lueur d'un éclair, assis sous l'arbre voisin. L'éclair qui suivit celui-là me le montra plus distinctement. Il pleuroit et s'arrachoit les cheveux. Ma présence parut redoubler sa douleur.

«C'est trop de larmes pour un homme, lui dis-je. Si nous sommes égarés, comme je le suppose, tes lamentations n'y porteront point de remède. Lève-toi, et cherchons une clairière où nous puissions nous reposer, non à l'abri de la pluie, qui est le moindre des accidents, mais garantis de la foudre, que ces arbres appellent sur notre tête.

— Puisse-t-elle être tombée sur moi, répondit-il en sanglotant, quand je vous ai amené ici! Oh! c'est une nuit de malheur.

— Allons donc, Hippolyte, prends courage; ce bois finit quelque part, et peut-être ne sommes-nous pas éloignés d'un village.

— Il y en a un là, reprit-il en étendant le doigt et en me faisant apercevoir en effet, à la lumière météorique qui n'avoit pas cessé de nous éclairer, un groupe de bâtiments assez rapprochés de nous.

— Eh bien! de quoi t'alarmes-tu? Ce hameau est-il occupé par des gendarmes? Ces chaumières sont-elles des coupe-gorges?»

Il se leva et me précéda d'un pas pénible et lent qu'il paraissoit craindre d'allonger.

« Non, monsieur, vous n'avez rien à redouter des gendarmes, pour cette nuit du moins. Vous ne coucherez pas dans un coupegorge; vous coucherez sous le toit d'un honnête homme, dans mon lit, ou à côté, comme il vous plaira. Nous sommes à l'Abergement, et un malheureux verre d'eau-de-vie, que Satan m'auroit fort obligé de changer en poison, m'a tellement troublé le cerveau que je me suis laissé aller comme une brute à la routine de mon trajet d'habitude. Nous n'avons heureusement pas perdu beaucoup de chemin sur les hauteurs de Poligny; mais, depuis six grandes heures que nous marchons, nous n'en avons point gagné.

— Si c'est cela qui t'inquiète, calme-toi; je suis accoutumé à de plus grands désappointements. Deux heures de repos me suffiront pour réparer mes forces, de manière à nous dédommager du temps mal employé. Je n'y pense déjà plus.

—Du repos, s'écria-t-il, du repos! vous

n'en aurez point. Il n'y a point de repos dans la maison de Bonin.

— Attends, Hippolyte : ce que tu dis manque tout-à-fait de sens. Aurois-tu réellement perdu la raison ?

— Eh ! non, encore une fois, monsieur. Je ne suis plus ivre. Je sais trop ce que je dis et où je vais ; mais il faut vous l'expliquer à vous, et cela n'est pas facile. Je n'ai jamais eu l'occasion de vous parler de ma femme, n'est-il pas vrai ?

— Tu serois marié, Bonin ! A la vérité ton genre de vie ne m'auroit pas donné lieu de le croire, mais je suis d'un âge qui te répond de mon indulgence pour tes foiblesses. Il n'y a point d'homme qui n'ait besoin de la compassion des autres.

— Et de la miséricorde de Dieu, comme vous dites quelquefois ; mais il me l'a refusée. De quel droit oserois-je la réclamer ? Ma femme étoit une jeune, belle et bonne fille, bien née avec cela, si l'on peut être bien né quand on n'est pas légitime. Son père lui avoit fait donner une éducation distinguée, et peut-être il lui auroit fait du bien s'il n'étoit pas mort subitement par quelque accident imprévu. Elle fut heureuse alors d'entrer, sous le titre de demoiselle de compagnie, mais dans le fait en qualité de femme de chambre, chez Mme la comtesse de Mont, dont le mari est de vos amis. C'est là que je m'en fis aimer ; je l'épousai. Elle avoit quelques épargnes, j'en tirai le même parti que de celles de mon pauvre père. La douleur et les privations l'enlaidirent ; je la délaissai. Sa patience d'ange s'altéra, je la battis. Elle est devenue folle. Voilà.

— Assez, assez, Hippolyte. Je comprends maintenant tes justes regrets, et combien l'aspect de cette triste maison doit être intolérable pour toi. Des fautes si graves ont leur punition même sur la terre !... Mais, dis-moi, n'as-tu point d'enfants ?

— J'en ai un seul, un petit garçon de six ans, si joli, si doux, si gracieux, qui promet d'être si accompli en toutes choses ! Oh ! il tiendra de sa mère, celui-là. Cher trésor ! si je savois du moins qu'il fût heureux un jour !

— Je l'ai placé dans une pension, parce que vous concevez bien qu'il ne seroit pas bon pour lui d'être élevé par elle — ni par moi.

— Encore une question. Comment se fait-il que tu ne sois pas familiarisé par l'habitude avec l'impression douloureuse que vient de produire sur toi la vue de l'Abergement? Ne m'as-tu pas dit bien des fois que tu y faisois ta résidence?

— Oui, monsieur, reprit-il en se retournant de mon côté d'un air sombre; mais comptez-vous pour rien la nécessité de vous apprendre cela! D'ailleurs je n'y habite que de jour, et le jour elle n'y est pas. Je ne sais où elle va, — travailler peut-être dans les campagnes voisines pour gagner un peu de pain. — Mais elle y passe toutes les nuits, et je les passe, moi, dans le premier endroit venu. Je ne l'ai pas aperçue depuis un an, et l'idée de la revoir me fait trembler. Elle ne dort jamais.

— Pour être mérité, plus mérité peut-être que tu n'oses te l'avouer à toi-même, ton malheur ne m'en touche pas moins. Il faut cependant se réfugier quelque part, car ce temps affreux menace de devenir plus affreux encore. Mais, rassure-toi, j'obtiendrai facilement un asile dans la grange d'un de ces paysans. L'or ouvre toutes les portes.

— Gardez-vous-en bien, monsieur, aucune porte ne vous seroit ouverte à l'heure qu'il est si je ne vous la faisois ouvrir ; et on ne balanceroit pas, j'en réponds, mais la gendarmerie seroit avertie avant que vous eussiez pu reposer votre tête sur une poignée de paille. N'y pensez pas, continua-t-il en se penchant à mon oreille, je suis trop haï !

— Alors, Hippolyte, il n'y a pas à hésiter ; nous coucherons où nous sommes, derrière cette haie qui nous annonce l'entrée du village. Le gîte est peu confortable ; mais il y en a de plus mauvais. L'épuisement de mes forces et la douleur de mes blessures ne me permettent d'ailleurs pas d'aller plus loin. Quand le ciel blanchira, tu n'auras qu'un mot à dire, et mes préparatifs ne te retarderont pas. »

En même temps je franchissois la haie pour passer du côté du champ, et je sondois déjà le terrain avec le pied.

« A merveille ! m'écriai-je ; une pelouse courte et douce qui n'est qu'assez moite pour être fraîche ! un véritable sommier de malade !

— Fi donc ! reprit-il en me retenant par le bras comme j'allois m'étendre ou me laisser tomber. Et l'hospitalité donc ! Me prenez-vous pour un rustique ? J'aurai à souffrir cette nuit, sans doute, mais vous n'avez rien à craindre. Cette malheureuse femme est insensée, elle n'est pas malfaisante. Si vous pouvez me promettre de tout entendre et de tout voir sans vous mêler de rien, si vous me laissez espérer surtout que vous ne me reparlerez jamais de ce mystère, jamais ! comprenez-vous bien ?... venez, monsieur, venez hardiment ; vous aurez au moins quelque temps à vous délasser. Bouche close seulement, ici, là, et toujours...

— Je te le jure, » lui répondis-je en me laissant entraîner. Je n'étois plus capable de m'en défendre.

Après un moment de marche, nous montâmes quelques degrés, ce me semble, et nous arrivâmes à la porte. Bonin s'y arrêta près d'une minute en la regardant fixement, car son courage étoit près de l'abandonner. Cependant il frappa enfin.

Cette porte s'ouvrit sous la main d'une jeune fille à demi nue qui en avoit tiré à petit bruit le verrou.

« C'est toi, Scolastique ! dit Bonin d'un air

abattu. Par quel hasard? — Est-elle rentrée aujourd'hui ?

— Je viens de la ramener, répondit Scolastique.

— Je te remercie. A-t-elle commencé?

— Non, monsieur, pas encore, mais cela ne tardera pas. Elle fait sa toilette de cérémonie.

— Bien, bien, » reprit Bonin de plus en plus absorbé. Il reçut en tremblant la lampe que lui présentoit la petite paysanne, entra sur la pointe des pieds, et m'introduisit avec précaution dans sa chambre.

Je ramenai involontairement un regard inquiet sur cette dernière porte. Elle n'avoit point de serrure.

La chambre de Bonin étoit une pièce très-vaste, assez proprement tenue, et revêtue d'une boiserie neuve et polie qui n'avoit été enduite ni de couleur ni de vernis. En face de l'entrée, il y avoit un lit, et point d'autre ameublement. Je me trompe; le milieu de la chambre même étoit occupé par un grand fauteuil de bois de noyer, ciré avec soin, ou plutôt par un prie-dieu à dossier vide qui étoit tourné du côté du lit, et dont la traverse supérieure étoit surmontée d'une grossière figure du Christ en plâtre enluminé. Sur les deux extrémités de la banquette se dressoient deux pointes de fer qui sembloient disposées pour porter des cierges. Au bas, on avoit fixé contre les montants antérieurs une autre banquette, beaucoup plus étroite, soit pour s'y mettre à genoux, soit pour servir de marche-pied. Mon premier mouvement fut de repousser ce meuble embarrassant contre la muraille; mais Bonin m'en empêcha en me saisissant brusquement par la main et en me conduisant vers l'endroit où il venoit de faire ses apprêts pour notre sommeil, pendant que je me laissois distraire à ces détails.

« On ne touche à rien, me dit-il. — Je ne vous ai pas proposé de coucher avec moi; mais j'ai encore deux matelas. Voici l'un, voici l'autre; il n'y a pas de choix. Vous serez aux premières loges. — Souvenez-vous de nos conventions. »

Ils se touchoient, appuyés verticalement contre le bois du lit. J'en pris un. Mon hôte souffla sur la lampe, et se jeta sur celui des matelas que j'avois laissé vacant. Un instant après je crus m'apercevoir qu'il dormoit, et j'essayai inutilement de dormir aussi.

Il étoit deux heures. Il y avoit vingt-quatre heures sans plus que j'avois failli mourir sur un lit de pierres de taille, à une portée de fusil de Sellières. Ma nouvelle couche, quoique sévère, auroit dû me paroître douce en comparaison ; mais mes forces étoient bien diminuées ; l'inflammation de mes plaies, si légères qu'elles fussent, aggravée par la veille et par la lassitude, me donnoit une fièvre violente. Mes vêtements, traversés par la pluie, se refroidissoient de plus en plus sur mes membres transis ; une courbature insupportable tourmentoit mes muscles et mes os ; il n'y avoit pas un point de mon corps endolori qui ne fût le siége d'une âpre souffrance. J'aurois voulu changer de position pour me soulager sur ce grabat de torture ; je ne pouvois pas.

Tout à coup la porte s'ouvrit en plein, et je vis entrer une femme ou un fantôme qui promenoit sur l'intérieur la lumière rouge et fumante d'un cierge ; c'étoit une femme, c'étoit la femme de Bonin ! Elle s'approcha du prie-dieu et y planta sa torche sur une des pointes que j'avois remarquées ; puis elle sortit et rentra par deux fois, la première avec un bénitier de faïence émaillée et une poignée de ces petits rameaux de buis que l'on consacre dans certaines solennités de l'Église; la seconde avec un réchaud ardent et un nouveau cierge qu'elle arbora auprès de l'autre. Tous ces ustensiles d'évocation ou de sacrifice rangés devant elle avec symétrie, elle demeura un instant si parfaitement immobile, qu'on l'auroit prise, de la place où j'étois, pour le simulacre de quelque sainte miraculeuse en l'honneur de laquelle s'étaloit ce religieux appareil. Je profitai de ce temps-là pour la regarder avec plus d'attention que je n'avois pu le faire encore; l'infortunée ne devoit pas avoir plus de vingt-six ou vingt-huit ans; mais son visage hâve, et macéré par la détresse et le chagrin, lui auroit fait donner davantage. Sa stature étoit haute et grêle ; ses traits, réguliers et nobles, paroissoient avoir été fins et gracieux; mais sa bouche, longue, étroite, pâle, étrangement fléchie aux extrémités, leur communiquoit une expression si amère de stupide mélancolie, qu'on ne pouvoit y arrêter la vue sans compassion et sans effroi. Ses yeux avoient été fort grands, à en juger par leur enchâssement; mais tant de larmes dévorantes en avoient creusé l'orbite, qu'on ne les distinguoit plus qu'à de rares éclairs au milieu du disque livide qui les cernoit dans leur profondeur, et qui tranchoit seul avec l'arc épais de ses sourcils sur son teint couleur de pierre. Son ajustement étoit bizarre; ses cheveux, noirs et fournis, se divisoient sur son front, et tomboient des deux côtés jusqu'au-dessous de ses genoux, de manière à s'appuyer sur ses pieds nus, quand je la vis plus tard se prosterner devant l'autel où se consommoit pour son imagination égarée je ne sais quel mystère idéal. Elle n'avoit pour tout vêtement qu'une espèce de chemise d'une étoffe très-blanche qui se serroit à plis nombreux autour du cou, descendoit jusqu'à mi-jambe, et se soutenoit au-dessus des reins par une ceinture d'un rouge effacé, à bouts longs et flottants. On ne pouvoit se méprendre sur l'usage pour lequel cette robe avoit été faite; c'étoit un surplis, et je n'ai jamais eu occasion de savoir à la pitié de quel prêtre compatissant aux misères humaines la pauvre folle devoit ces rebuts de sacristie qui servoient aux rits de son cérémonial, et qui composoient ce que la petite Scolastique avoit appelé sa toilette. Puisse le ciel avoir exaucé sa dernière prière, et abréger pour lui les épreuves de l'autre vie !

Quoique j'écrive sous une impression qui n'a rien perdu de sa vivacité, et qui se ressent peut-être encore des jugements exagérés de mon âge d'illusions, ce portrait, je le déclare, ne doit pas le plus léger de ses linéaments, la moindre de ses circonstances, au caprice de la fantaisie ; il est tel que je le vois depuis trente ans ; et à ce travestissement près, dont tout le monde peut se figurer l'effet, les vieux paysans de l'Abergement, qui n'ont jamais rencontré la femme de Bonin que sous les haillons délabrés et confus d'une malheureuse aliénée, n'en contesteroient pas la ressemblance.

Peu à peu mon apparition s'animoit, se manifestoit sous des formes plus décidées ; la folle déploya enfin son bras nu et décharné qu'une rude toile couvroit à peine de quelques doigts au-dessous de l'épaule, jeta ses brins de buis dans le réchaud, et se promena d'un pas posé, la torche à la main, autour du prie-Dieu, en murmurant de lamentables cantiques dont je ne saisissois pas les paroles, et qu'interrompoient à chacune de ses fréquentes stations des soupirs déchirants qui me pénétroient le cœur. Après avoir déjà décrit le cercle mystique à plusieurs reprises, en l'élargissant toujours, et sans détourner ses yeux ni à droite ni à gauche, une fois seulement elle s'arrêta devant nos lits, et nous tint un moment plongés dans la clarté de sa torche flamboyante. « Il y est, dit-elle en se consultant, comme si elle avoit demandé un souvenir à son esprit. — Ils sont deux ! celui-là est jeune. On a vu des enfants si mal nés qu'ils se damnoient dès le berceau. Comme ils doivent avoir fait pleurer leurs mères ! »

Ensuite elle regagna précipitamment son autel fantastique, baigna le goupillon dans l'eau, et revint en faire pleuvoir sur moi quelques gouttes bénites, en proférant sourdement les adjurations dont on se servoit autrefois pour exorciser les possédés.

« Ce n'est pas un démon, reprit-elle d'un air étonné, il seroit parti ! »

Mes cheveux se hérissoient de terreur ; une sueur froide couloit à grosses gouttes de tous mes pores, mes dents claquoient. Je tournai ma tête avec effort du côté de Bonin ; il étoit couché sur la face, et on ne voyoit que ses cheveux et son cou nu. Il dormoit peut-être, mais le tressaillement de ses membres et l'inflexibilité convulsive de son bras qui se roidissoit contre le plancher comme un levier préparé à soulever de lourds fardeaux, témoignoient assez qu'il faisoit de mauvais rêves.

J'ai éprouvé, dès le commencement de ce récit, combien il étoit difficile de raconter certaines circonstances qui ont exercé sur nous tout l'empire d'un prestige, et qui, ramenées à leur expression naturelle, dans d'autres dispositions d'esprit, ne sortent en rien de l'ordre des combinaisons les plus communes de la vie. Je n'insisterai donc pas sur la description de ces angoisses que le pinceau morose d'un Salvator n'auroit pas pu charger à mon gré de trop noires couleurs, et dans lesquelles on ne verroit aujourd'hui que l'effet des lubies mélancoliques d'une jeune femme sur un cerveau de vingt ans. Et cependant, ô mon Dieu ! ces aspersions d'eau consacrée, ces fumigations de buis et d'encens, ces génuflexions, ces prostrations profondes, ces cris de la victime qui appelle de la terre au ciel et de ses persécuteurs à son juge, cette messe des morts, entonnée comme par un cadavre qui n'a obtenu la permission de reparoître parmi les vivants qu'à l'heure des épouvantes, que tout cela fut affreux et long! et je me rappelois que la femme de Bonin ne dormoit jamais! Quant à Bonin, il dormoit toujours; il ne montroit, comme deux heures auparavant, que sa nuque et ses cheveux, son bras roide et son poing fermé. On auroit cru qu'il venoit d'être saisi par une mort violente ou pétrifié par une punition divine. Tant de bonheur ne lui étoit pas réservé.

La cérémonie finit presque avec le tonnerre; car l'orage n'avoit pas cessé de gémir et de gronder. Toutes les pièces de l'office funèbre disparurent une à une, comme elles avoient été apportées. Cette misérable femme ne m'avoit pas oublié tout-à-fait; elle laissa tomber sur moi un sourire en enlevant le dernier flambeau, mais un sourire qui n'avoit rien de malveillant, et dans lequel j'aurois voulu trouver de l'espérance et du pardon. La tête clouée au châlit vide, l'haleine suspendue, les yeux fixes, regrettant de ne pouvoir modérer jusqu'au battement de mes artères, et maudissant toutefois le serment qui m'enchaînoit, j'aurois voulu pleurer et prier avec elle; j'aurois voulu me jeter à ses pieds; car moi aussi, qui m'assure que, dans son égarement, elle ne m'a pas compté au nombre de ses ennemis?

Le spectacle s'étoit évanoui avec la lueur de la dernière torche; la porte étoit retombée bruyamment sur son chambranle; mais dans l'impénétrable obscurité qui avoit succédé à ces clartés étourdissantes, je n'étois pas sûr que la femme de Bonin eût passé derrière ou qu'elle fût restée en dedans. Je croyois l'entendre rôder sur le plancher qui crioit; je croyois quelquefois la voir; il me sembloit qu'elle venoit à moi, qu'elle se penchoit à mon oreille, et que je sentois son souffle froid s'articuler en étranges paroles. Cette alternative d'illusions effrayantes et de désabusements inquiets se prolongea jusqu'au moment où les premiers rayons du soleil jaillirent entre les jointures des volets et papillotèrent sur les murailles comme un essaim de lucioles. Alors la cloche de l'Abergement sonna le jour, et bientôt après, Bonin m'avertit qu'il étoit temps de chercher le chemin qu'il m'avoit fait manquer la veille, si nous voulions y parvenir avant qu'une heure plus avancée ne nous mît en péril de faire de mauvaises rencontres.

Je le remerciai. Les réflexions de la veille et les émotions de la nuit m'avoient inspiré une autre résolution.

« Je suis las de me cacher, lui dis-je. La prison n'a point de tourment si rigoureux, il n'est point de genre de mort si cruel que je ne le préfère aux fatigues de corps et d'esprit qui usent depuis quatorze mois ma force et ma patience. Je connois la route de Suisse, et je la prends, à la garde de Dieu, sans m'inquiéter des événements. Si celui qui peut me sauver par un seul acte de sa volonté toute-puissante m'abandonne à mes ennemis, c'est qu'il n'a pas besoin de moi ou qu'il trouve un meilleur parti à tirer pour sa cause de mes afflictions que de mes services; et alors que sa volonté soit faite! Adieu! »

En parlant ainsi, je gagnai la montagne par

le chemin le plus pratiqué, et je le suivis directement, dans une complète insouciance de ce qui pouvoit advenir. Jamais je ne m'étois senti plus libre que du moment où je m'étois résigné à subir toutes les chances de ma mauvaise fortune, sans rien tenter pour m'en défendre; et celui-là seul est libre, en effet, qui ne craint pas de souffrir.

Les suites de cette détermination n'appartiennent plus au même sujet. Il faut l'épuiser.

Six ou sept ans après, libre depuis quelque temps des agitations d'une folle jeunesse et des persécutions d'une police rancunière, au bout d'une assez longue excursion d'étude et d'agrément dans nos belles montagnes du Jura, je traversois Lons-le-Saulnier avant de rentrer dans mon village bien-aimé, dont j'étois encore à deux lieues, et, pressé par un appétit qui ne pouvoit pas aller si loin, j'entrois, en passant, dans une auberge de *la Tourelle*, dont le nom pittoresque étoit dû à une petite rotonde en saillie qu'elle projette, ou qu'elle projetoit sur la place; car il seroit bien possible qu'elle n'y fût plus. Tant de choses sont tombées depuis, sans compter les empires et les monarchies!

Elle existoit alors, avec son salon circulaire, ses croisées à plein jour, ses banquettes arrondies à la muraille, et Mme Pussin, sa vieille hôtesse. Je me souvenois d'y avoir passé d'agréables heures avec mes amis de collége, dans nos riantes soirées des vacances, et je ne la revoyois jamais sans plaisir.

Une chose m'avoit frappé en arrivant : la ville étoit presque aussi déserte au milieu de la journée que j'aurois pu désirer de la trouver de nuit, six années auparavant. Bien plus, les lieux publics, les portes, les croisées, les volets, étoient fermés, et j'étois près de croire que tous les habitants avoient plié bagage, sur l'avis de quelques rumeurs souterraines qui menaçoient leurs maisons d'être englouties dans l'abîme inconnu où disparut, au commencement du siècle, celle de M. Déléchaux, si un groupe assez considérable qui s'agitoit non loin de moi ne m'avoit averti que la capitale de nos Alpes séquanoises n'étoit pas encore veuve de son peuple. Ce que j'entendois et ce que je voyois ne m'en annonçoit pas l'élite, bien au contraire! C'étoit cette tourbe effroyable et altérée de sang, qui compromettroit jusqu'à son indigne vie pour voir abréger celle des autres sous la main de l'assassin de justice. En effet, l'échafaud étoit dressé, le fer étoit suspendu ; il ne manquoit là que le sacrificateur et la victime pour accomplir une œuvre d'anthropophage, au nom de la société la plus civilisée de la terre. Je m'enfuis vers la *Tourelle*, et je demandai une autre chambre. Il n'y en avoit point. Je tournai le dos à la fenêtre, et je m'assis.

« Qu'est-il donc arrivé à Lons-le-Saulnier ? dis-je à la maîtresse du logis ; la Convention ressuscitée y a-t-elle envoyé ses commissaires ? la peste y a-t-elle passé ? ou bien ses honnêtes citoyens sont-ils devenus tout à coup assez philosophes pour se renfermer dans leurs domiciles un jour d'exécution, comme on devroit le faire toujours ?

— Il faut que monsieur vienne de loin pour ne pas le savoir, dit-elle en se hâtant de déployer ma nappe et en y appuyant ses deux mains, la tête penchée vers moi, ce qui présageoit de longs discours. La peste y a passé, comme vous dites, mon cher jeune homme, et quelque chose de bien pire encore, qu'on appelle le *typhus*, ou le *trifus*, ou autrement. Toujours est-il que c'est un nom latin, et que les médecins n'y entendent rien. C'est terrible.

— Terrible, à la vérité... Mais vous me faites frémir! Cette affreuse maladie s'est-elle étendue aux environs?

— Oh! non, pas plus loin que la cour d'assises, où s'assemblent ces messieurs du tribunal. Pour vous faire entendre comment cela s'est fait, il faut cependant que je vous demande d'abord si vous avez jamais entendu parler du fameux Pancrace.

— Pancrace! repris-je après un moment de réflexion; je crois connoître ce nom, et, si je ne me trompe, ce Pancrace devoit être un assez mauvais sujet. Mais quel rapport, ma bonne dame, entre Pancrace et le typhus?

— Un assez mauvais sujet! s'écria-t-elle en élevant les mains au ci... un assez mauvais sujet! Un voleur de nuit, un dépouilleur de diligences, un profanateur de vases sacrés, un incendiaire, un assassin! Pancrace un mauvais sujet! Que faut-il donc faire, monsieur, pour être un scélérat achevé, et pour encourir la damnation éternelle?...

— Je ne vous ai pas dit que j'entendois son nom pour la seconde fois seulement, et la première est de vieille date. Revenons au *typhus.*

— Le typhus et Pancrace, c'est la même histoire. Après des crimes sans nombre, ce misérable s'est laissé prendre avec une partie de sa bande, et on les jugeoit tous il y a trois semaines. Vous pensez bien qu'on n'avoit pas manqué de précautions pour s'assurer de Pancrace, car on dit qu'il s'évaderoit de l'enfer. Il sortoit donc, ainsi que les siens, en arrivant sur la sellette, d'un cachot noir, humide, profond, et si mal aéré, que lorsqu'on y descend une lampe, elle s'éteint à l'instant. C'est de là que vient le malheur. On remarqua effectivement d'abord que Pancrace étoit fort pâle et fort abattu, et que ses traits n'annonçoient pas la résolution d'un homme si cruel et si téméraire; mais, à mesure qu'il respiroit plus librement l'air de tout le monde, il reprenoit son ton d'insolence et de menace, et on auroit imaginé qu'il recommençoit à vivre de la vie qu'il enlevoit aux autres. Le brigand avoit apporté dans ses habits, à dessein ou par hasard, les germes de cette contagion qui gagna tout l'auditoire, de manière que l'arrêt du tribunal qui condamnoit Pancrace à la peine de mort étoit à peine prononcé que les juges subissoient l'arrêt de Pancrace, qui les avoit condamnés à mourir avant lui, comme ils sont morts en effet. Le président, les conseillers, les témoins, les avocats, les spectateurs, il n'y eut personne qui ne fût atteint. Ils ont déjà succombé par centaine, et depuis ce temps on n'a vu dans les rues que des convois qui accompagnent une bière, jusqu'à ce jour où va passer le convoi de Pancrace vivant, escorté d'un détachement de gendarmes bien munis de préservatifs contre la peste. On assure que le bourreau s'est parfumé. — Et voilà pourquoi, monsieur, chacun se renferme prudemment chez soi pour échapper au fléau qu'il traîne après lui. Ne l'ai-je pas entendu?... Je vous prie de ne pas ouvrir la fenêtre. »

Là-dessus elle sortit, et j'oubliai sa recommandation. Une curiosité invincible m'entraînoit à m'assurer par mes yeux que cet homme de malédiction étoit le même que j'avois vu dans la forêt, et dont l'horrible physionomie s'étoit si vivement empreinte dans ma pensée.

Il étoit déjà sur la place; je crois même qu'un de ses deux compagnons avoit satisfait à la cruelle justice des hommes, et quand j'aperçus Pancrace, il lui disputoit sa tête. Fort de la terreur que son moindre contact inspiroit, il étoit parvenu à se débarrasser de ses liens; les exécuteurs tomboient autour de lui, les gendarmes craignoient de le saisir, et, tantôt renversé par les chevaux qui le pressoient, tantôt debout et furieux, il se débattoit contre son infaillible destinée avec tout l'acharnement d'un homme énergique, robuste et plein de vie qui ne veut pas mourir. Long-temps l'agilité convulsive de ses mouvements, qui n'avoient presque rien d'humain, me défendit de discerner ses traits; mais, dans une des courses rapides qu'il fournissoit autour de l'appareil de mort, il attacha ses yeux de mon côté pour y chercher un passage. C'étoit le brigand que j'avois rencontré de nuit, et je crus qu'il me regardoit. Je tombai d'épouvante sur ma chaise, j'y restai immobile et comme lié dans les angoisses d'un mauvais songe. Au même instant j'entendis un grand cri, un cri de résignation désespérée. Un des valets de l'homme de sang avoit fortement noué ses doigts dans les cheveux roides et touffus qui se hérissoient au front de Pancrace, et la fatale bascule avoit trahi sa résistance. Il étoit tombé sous le couteau, et le couteau tomboit sur lui.

Accablé des émotions d'un spectacle que je n'avois jamais été préparé à voir, que j'aurois dû ne voir jamais, je me hâtois de fermer la croisée de *la Tourelle*, et cependant ma vue s'arrêtoit malgré moi sur la dernière victime. Celui-là, vaincu par la terreur ou affermi par la religion, descendoit sans résistance du tombereau mortuaire, en baisant avec des torrents de larmes la sainte image du Christ. Il se présentoit à moi en face au moment où il y attachoit pour la dernière fois ses lèvres décolorées. C'étoit Hippolyte Bonin. Le malheureux avoit cru tuer son remords, il avoit tué sa femme ; et le hasard venoit de le réunir à Pancrace dans les cachots pour les réunir à la mort.

PORTRAITS.

PICHEGRU.

J'ai promis de parler encore une fois de Pichegru. C'est un devoir que j'accomplis envers sa mémoire, une des obligations les plus chères et les plus sacrées de mon cœur.

Malheureusement pour moi je n'ai pas les loisirs d'un livre, et c'est un livre au moins qu'il faut à la mémoire de Pichegru. D'autres le feront, mais je n'aurai rien épargné pour leur fournir quelques matériaux. Ce n'est ici ni un plaidoyer, ni une suasoire, ni une apologie, c'est un sommaire.

Commençons par tracer rapidement la vie de Pichegru; elle sera peut-être jugée tout à l'heure.

Pichegru est né en 1761 aux Planches, et non à Arbois, qui ne réclame plus cette gloire. Laissons-la au modeste village où il a conservé quelques vieux amis; c'est dans leur cœur qu'il aimeroit à vivre, et non dans les monuments maladroits qui l'ont fait si cruellement méconnoître.

La famille de Pichegru étoit pauvre, mais honorée; rustique, mais libre. Elle ne cultivoit pas ses propres terres, parce que l'ambition des propriétés étoit chose inconnue dans tout homme qui a porté son nom. Le blason de ces nobles paysans, c'étoit *honnêtement travailler, vivre de peu;* et depuis quatre cents ans on les appeloit *Pichegru* parce qu'ils tiroient le *gru* ou la graine au bout du *pic* ou du hoyau. Cette noblesse en vaut une autre.

Pichegru vint au monde estimé dans les siens. C'étoit alors un héritage.

La propriété protégeoit naturellement l'enfant du prolétaire, qu'elle redoute aujourd'hui.

Charles Pichegru reçut une éducation soignée chez les minimes d'Arbois, qui dirigeoient le collége de cette ville.

Ces minimes le devinèrent. Ils envoyèrent à leurs frais au collége de Brienne l'écolier qui promettoit un grand homme, et il y fut, peu de temps après, le répétiteur de Napoléon.

Ce point de contact est le premier qui se soit établi entre les deux plus fameux capitaines d'un siècle qui ne l'a cédé à aucun en illustration militaire. Le dernier, nous le verrons.

Napoléon sortit de Brienne comme lieutenant par un acte spontané de la justice de Louis XVI; Pichegru en sortit comme sergent au premier régiment d'artillerie, par le seul fait de son application et de son travail.

Il fit avec éclat la dernière guerre d'Amérique, et passa au grade d'adjudant.

Il touchoit à vingt-huit ans aux honneurs de l'épaulette, quand la révolution arriva.

Pichegru en avoit embrassé tous les principes généreux. Elle ouvroit une si belle voie aux grandes pensées ! elle déployoit devant elle tant d'espérances et d'avenir !

Il présidoit la société populaire de Besançon, au passage d'un bataillon des volontaires du Gard; et il échangea sans peine sa sonnette contre une épée. Ce bataillon l'avoit choisi pour commandant.

Deux ans après Charles Pichegru étoit général en chef de l'armée du Rhin.

Cette armée n'étoit plus qu'une cohue en déroute. Les lignes étoient prises, Strasbourg étoit menacé.

Avec ces troupes, réduites à un petit nombre et vaincues d'avance par l'habitude des défaites, Pichegru parvient à semer la défiance parmi les coalisés. Il invente et il organise une guerre d'escarmouche et de tirailleurs, la seule possible à ses armes, et il reprend nos frontières naturelles. Il est proclamé le sauveur de la patrie, et chargé de la sauver encore une fois à l'armée du Nord.

Pichegru va rejoindre les débris de celle-ci à quarante lieues de Paris ; il les rassemble, les fortifie de sa présence et de la confiance attachée à ses exploits, les mène vainqueurs à Cassel, à Courtray, à Menin, à Rousselaër, à Hooglède, prend Bruges, Gand, Anvers, Bois-le-Duc, Vanloo, Nimègue, passe la Wahal sur la glace, entre dans Thielt, rompt les Hollandois, force les Anglois à se rembarquer, s'empare d'Amsterdam, et dix jours après de toutes les Provinces - Unies. Ses ennemis avouent qu'il ne s'arrêta qu'à l'endroit où il ne trouva plus d'armées à combattre.

Le sergent d'artillerie fut tout à coup investi alors de la plus haute puissance militaire qu'une démocratie eût jamais mise à la merci d'une épée. Il joignit la direction des armées du Nord et de Sambre-et-Meuse au commandement de l'armée de Rhin-et-Moselle. Jourdan et Moreau furent placés sous ses ordres, et Moreau l'en a fait souvenir. Son système étoit de ne pas effrayer l'Europe des succès d'une propagande qui ne cherchoit qu'à se ranimer. C'étoit le temps de se reposer des conquêtes, et de rassurer le monde sur les projets de la république. Il ne perdit pas une goutte de sang inutile, pas un pouce du territoire, et on l'accusa de nonchalance. On alla plus loin peut-être. Le couperet qui avoit tué Luckner, Custines, Houchard, Beauharnais et Biron, s'étoit usé sur trop de têtes héroïques : la calomnie venoit d'être inventée contre les gloires importunes : on calomnia.

Dans cet intervalle, Pichegru avoit refusé les présents de la Hollande et les hautes récompenses de la France reconnoissante. Pichegru avoit besoin de si peu de chose! Deux fois sauveur de son pays, à l'est et au nord, et tenu pour tel par deux décrets, il sauve Paris, en passant, des bandits de germinal, il sauve la convention, qu'il pouvoit renverser d'un souffle, laisse rugir les furies de l'ingratitude, et se retire dans un pauvre village, où il pend l'épée de Scipion à la charrue de Cincinnatus.

Ici commence son influence d'homme d'état. Le vœu de plusieurs départements le porte à la législature ; le vœu unanime des législateurs le porte à la présidence. Le voilà maître de la France encore une fois, par l'ascendant de sa popularité, comme il l'avoit été par celui de ses victoires. Que fait Pichegru? Il hausse les épaules aux propositions des partis; il sourit de pitié à leurs doléances. Il méprise le directoire sans doute ; et qui ne le méprisoit point ! Mais il l'attaque tout au plus de quelques paroles dédaigneuses. Pichegru étoit trop grand pour se prendre à de tels ennemis. S'il avoit daigné se lever, se montrer à hauteur d'homme, le directoire tomboit.

Fatigué, comme la France, de l'instabilité d'un gouvernement sans force morale, il a pu, il a dû alors, en loyal député, jeter les yeux sur un autre ordre de choses. Ce qu'on ne pourroit lui reprocher, rien ne prouve cependant qu'il l'a fait.

L'histoire dira que Pichegru, insouciant par philosophie, dédaigneux des hommes par expérience, n'avoit pas la force de résolution nécessaire pour user de sa haute position au profit d'un peuple qui n'attendoit que son appel; et cependant conspirer ainsi étoit un acte de vertu.

A le supposer aussi énergique dans les applications de sa pensée politique qu'il l'étoit peu réellement, à lui accorder cette puissance de volonté que je lui refuse comme la nature, il auroit conspiré de son droit de suprématie populaire, comme Vergniaud contre la Montagne, comme Robespierre contre ce qu'il appeloit le parti des intrigants, comme la convention contre Robespierre, comme Napoléon conspira depuis contre la constitution de l'an III, le directoire et les conseils.

Ce qui est gloire en eux, suivant l'opinion, n'auroit pas été trahison en Pichegru.

Il importoit donc peu à la pureté de sa réputation que cela fût vrai, et cela est faux.

Pichegru étoit avant tout un sage consommé, stoïcien dans ses mœurs, sceptique dans tout ce qui touchoit à la question sociale, trop indifférent aux résultats pour accepter un rôle actif dans les causes. Il n'y a rien là qui se concilie avec le caractère d'un conspirateur.

Toutefois si Pichegru n'étoit pas un moyen, Pichegru pouvoit être un prétexte. Il y avoit en lui sinon un chef, du moins un drapeau ; on mesura son ombre, et on eut peur.

Quand les tyrans ont peur, ils font des coups d'état, et les coups d'état ne prennent au dépourvu que les honnêtes gens qui ne conspirent pas. Pichegru fut arrêté à son poste.

Le lendemain du 18 fructidor, les coups de pied honteux ne manquèrent pas au lion garrotté. Il fut royaliste alors, parce que c'étoit le reproche banal, royaliste comme l'avoit été Vergniaud au 31 mai, Danton le 11 germinal, Robespierre le 9 thermidor; comme l'auroit été Napoléon le 18 brumaire, si Napoléon n'avoit pas réussi.

N'a-t-on pas dit, n'a-t-on pas imprimé à Paris que Robespierre pensoit à épouser Madame de France, que le mamelouck Roustan étoit Louis XVII déguisé?

La vertu est plus difficile à détrôner que la gloire. On sentit qu'il falloit entasser, accumuler les preuves; et quelles preuves! On verra, quand je les discuterai, sur quoi peuvent se fonder dans une république la dégradation morale et la proscription d'un grand homme.

Les complices de Pichegru dans cette prétendue conspiration en faveur des Bourbons, c'étoient Bourdon de l'Oise, qui avoit été régicide; André Dumont, qui avoit été régicide; Cochon, qui avoit été régicide; Thibaudeau, qui avoit été régicide, et qui fut rayé par faveur; Carnot, qui avoit été régicide, et que la France nouvelle aime à citer comme son Caton, comme son patriote sans tache.

Ces messieurs sont aujourd'hui de fort honnêtes gens, et Pichegru est un conspirateur.

Pichegru avoit en effet conspiré au conseil, précisément comme il avoit trahi l'armée en battant l'ennemi.

Il fut traîné au Temple sur une charrette, emporté en Amérique à fond de cale d'un vaisseau, jeté dans un cabanon, aux affreux déserts de Sinnamari.

De là il parvint à s'évader avec quelques-uns de ses amis sur une frêle pirogue, et à gagner, au travers de mille périls, les bords hospitaliers de Surinam.

Il se réfugia en Angleterre, j'y consens; il faut pourtant bien se réfugier quelque part. Il y a vu les Bourbons, cela est vrai; on voit ses compatriotes en pays d'exil; n'avoit-il pas vu Billaud-Varennes à la Guyane, Billaud-Varennes, ce tigre des jacobins, qui ne s'étoit apprivoisé aux idées humaines que parmi les bêtes sauvages? Il avoit vu Billaud-Varennes, et il ne conspiroit pas le rétablissement de la terreur. Le général ou le maréchal Maison, je ne suis pas sûr des titres, a vu l'infortuné duc de Reichstadt à Vienne, et il ne conspiroit pas le rétablissement de l'empire. Scipion a conversé avec Annibal, et il ne lui a pas vendu Rome.

Mais Pichegru a-t-il du moins pris du service chez l'étranger, comme Thémistocle ou Coriolan? Non; il en a refusé partout.

Mais a-t-il jeté le poids de son nom sur un des plateaux de la balance politique? A-t-il fait lever le nôtre? Non : il entra une fois par curiosité au parlement d'Angleterre; le parlement se leva par respect, Pichegru salua et sortit.

Mais a-t-il essayé de se faire de la popularité dans la nation, et de l'appui auprès des grands? Non : il s'est livré à son penchant naturel pour la solitude; il s'est retiré au village.

Mais a-t-il reçu de l'Angleterre une pension et des secours? Hélas! oui; et il faut convenir que tous ceux de nos généraux de ce temps-là qui ont pris part aux affaires s'étoient mis depuis long-temps à l'abri d'une pareille humiliation. Ils avoient sur les banques de l'Europe assez de fonds en plein rapport pour se passer de la compassion des peuples. Pichegru, arrivé en Angleterre avec 400 francs d'emprunt, a obtenu sans le demander ce tribut d'une respectueuse pitié que les nations civilisées paient au malheur d'un illustre ennemi dont la fortune a trahi le courage; l'aumône de l'admiration à la gloire, l'obole du soldat à Bélisaire. Pichegru n'avoit pas été mis par sa proscription hors du ban de l'humanité.

Enfin il est revenu à Paris, et cette fois il y avoit conspiration. Il seroit difficile de nier celle-là : les neuf dixièmes de la France en étoient. Mais n'est-il pas surprenant qu'après trente ans écoulés cette entreprise fatale n'ait jamais été réduite à sa véritable expression? Sa véritable expression, la voici :

L'ambition de Napoléon marchoit à découvert depuis l'acte extra-constitutionnel qui lui conféroit le consulat à vie. C'étoit mieux que César, pour qui cette dignité n'avoit été prorogée qu'à dix ans. On savoit à n'en pas douter que la monarchie des Gaules lui étoit décernée d'avance dans son Capitole, et qu'il ne restoit pas un Brutus pour l'empêcher de ceindre trois mois après le bandeau impérial. Le peuple effrontément trompé cherchoit un vengeur à ses droits usurpés par la fraude, et ne le trouvoit pas.

Moreau représentoit à la vérité les idées les plus populaires et les plus énergiques, et je suis convaincu que la multitude n'auroit pas hésité à suivre son cheval dans les rues de Paris, si Moreau, qui étoit sur son cheval un fort grand homme de guerre, n'avoit pas été à côté de son cheval quelque chose de moins qu'un homme, une bonne femme étourdie et hâbleuse. Il n'osa pas le monter.

Il seroit trop rigoureux de dire pourtant qu'il n'eut pas quelques prétextes, dans l'occasion dont il s'agit, pour s'en tenir à cette alternative de velléités et de réticences qui formoit son caractère politique.

La France étoit alors divisée, autour du nouveau trône et de ses appuis, en deux camps parfaitement distincts qui demandoient chacun un symbole. Un engouement justifié par sa belle vie militaire avoit fait de Moreau le symbole de la république; les *fructidoriens* s'étoient chargés à leurs risques et périls de faire de Pichegru le symbole de la monarchie; et tout en le défendant d'une collusion dont sa sincérité le rendoit incapable, je crois que c'étoit là son penchant, car il étoit impossible de prévoir dans aucune autre combinaison sociale le retour de l'ordre et de la liberté.

Moreau, qui ne voyoit probablement dans une concession apparente qu'un moyen de temporiser, et qui, comme Fabius dont nous lui avions donné le nom, aimoit à temporiser, parce que les formes dilatoires de la prudence étoient agréables à sa paresse, réclama le concours de Pichegru.

Avoit-il pensé qu'il ne falloit rien moins que deux grands hommes et la patrie pour prévaloir contre le grand homme et sa fortune? C'étoit peu.

Lajolais fut chargé de la périlleuse mission qui devoit les rapprocher, *et mille bruits en courent à sa honte*. On a supposé, fort gratuitement à mon avis, que cet officier entretenoit à part lui d'autres connivences avec la police, et mon cœur a toujours répugné à ces accusations qu'il faut rappeler seulement pour les effacer de l'histoire. Quoi qu'il en soit, Pichegru triompha de son antipathie contre Moreau, et se rendit à son appel.

De quoi s'agissoit-il ? de montrer aux François deux grands capitaines qui avoient été leurs idoles, de rendre la liberté au pays, et de le convoquer, suivant les formes populaires de l'époque, à se choisir enfin un gouvernement.

C'étoit une conspiration, sans doute, et ce n'est pas celle-là dont j'ai contesté l'existence : la conspiration de Pélopidas contre Léontidès, de Thrasybule contre Critias. Je crois aujourd'hui que son succès auroit été une calamité, car la mission de Napoléon est devenue pour moi évidemment providentielle ; mais cette entreprise n'en étoit pas moins faite pour le peuple, et fondée sur la vertu.

Pichegru rentra en France avec des royalistes et des Vendéens ! Qu'auroit-on dit s'il y étoit rentré avec des Anglois ?

Pour être royaliste, on n'a pas perdu peut-être le titre de François ! La Vendée est en France encore, quoiqu'on puisse en douter aux lois exceptionnelles qui la régissent. Jamais le crayon insolent d'un cosmographe éhonté n'a osé la retrancher de la carte de nos provinces.

Le proscrit de fructidor ramenoit sur la terre commune les proscrits de toutes les époques, des députés, des soldats, des ouvriers, des paysans. Rassurez-vous! ils n'étoient que soixante; et ces soixante hommes, faut-il dire que ce n'étoit pas une armée? C'étoit un cortége pour le triomphe, ou des compagnons pour l'échafaud.

Qu'auroit pu ramener Pichegru d'ailleurs, si ce n'étoit ces hommes qui avoient droit à coopérer pour leur part à la réhabilitation du pacte universel? Le parti de Moreau étoit autour de Moreau, et s'y tenoit suspendu sur l'abîme creusé par ses irrésolutions homicides; les républicains énergiques étoient à Sainte-Pélagie, à la Force, à Bicêtre; on les entassoit aux îles de Rhé et d'Oléron; ils achevoient de mourir à Cayenne et à Mahé.

Pichegru a péremptoirement répondu pour moi aux inductions qu'on pourroit tirer de ce rapprochement fortuit par une phrase que l'instruction a naïvement conservée, parce qu'elle ne s'est pas avisée de tout. « Je suis ici avec vous, dit-il au brave Cadoudal, mais je n'y suis pas pour vous. »

Il ne falloit pas livrer ce mot immortel aux presses impériales, car toutes les prétendues trahisons de Pichegru y sont jugées.

Je laisse de côté ici l'imputation de brigandage et de tentatives d'assassinat, si loyalement proclamée par la police dans ses incroyables placards. Elle prouve seulement que le roi de Boutan n'avoit pas épuisé les fécondes ressources de l'art de se jouer du peuple. Pichegru et Moreau BRIGANDS, c'étoit une impertinence assez plaisante. Moreau convoquant Pichegru à Paris pour voir assassiner Napoléon des mains d'un homme de peine, c'est la balourdise la plus grossière qu'on ait jamais jetée à la canaille.

Pichegru étoit intervenu dans la conjuration de Moreau, sans autre vue que celle du bien public, et il ne pouvoit pas en avoir d'autres ; il vit l'éternel *cunctateur*, et il le retrouva plongé dans ses incertitudes ordinaires. Le sens exquis et profond qui distinguoit ce héros (c'est de Pichegru que je parle maintenant) pénétra facilement un mystère que

Moreau méconnoissoit peut-être lui-même ! Celui-ci vouloit le pouvoir, et attendoit qu'on le lui apportât tout fait, parce qu'il ne savoit ni le créer, ni le prendre.

« Cet homme aussi est ambitieux ! » dit Pichegru avec dédain en rentrant dans son asile, et il s'enveloppa dès ce moment de son manteau de mort.

Cette autre parole, qui exclut dans Pichegru jusqu'à l'idée d'un ambition personnelle, n'est pas plus apocryphe que la première. C'est encore l'instruction qui me la donne.

Pichegru, tout entier à sa confiance dans l'homme qui l'avoit mandé, tout résolu aux plans de Moreau, et la modestie n'est jamais allée plus loin, ne s'étoit pas même ménagé un refuge sous le toit de quelque ami de cœur ou d'opinion. Si Pichegru avoit conspiré avec un parti, si Pichegru avoit laissé, le 18 fructidor, des affidés ou des complices, il auroit trouvé une porte où frapper à Paris. Ceci a toute l'évidence de la chose démontrée.

Que fait Pichegru? que fait le chef de cette conspiration monarchique prête pour une victoire? il se rappelle l'adresse d'un avocat franc-comtois, fort étranger aux mouvements de la politique, et tout au plus épicurien, s'il étoit quelque chose, qui le cache chez une fille entretenue. Le dernier asile d'Alcibiade ne convenoit pas à l'austérité de ses mœurs ; il y reste à peine quelques heures. Pendant ce temps-là le nom de son ancien valet-de-chambre est revenu à sa mémoire. Cet homme doit demeurer rue Chabanais, et Pichegru le trouve sans difficulté, car il n'y a rien de plus facile à trouver qu'un traître qui nous cherche déjà.

On peut imaginer que le malheureux général y fut accueilli avec empressement; il avoit été vendu la veille 100,000 francs, et il fut livré le lendemain.

Pichegru n'étoit pas aussi facile à saisir qu'à surprendre. Il avoit ouvert la porte lui-même, et il étoit en chemise. Accablé par le nombre, le vainqueur de l'Europe tomba sur dix hommes qui étoient tombés. On se contenta de lui tailler les jambes à coups de sabre, pour se ménager l'honneur de l'emporter vivant. Un gendarme lui ayant imposé le pied sur la tête, le pied d'un gendarme sur la tête de Pichegru! Pichegru lui enleva d'un coup de dents le talon de sa botte et une partie du *calcaneum* avec. Pendant ce temps-là on l'emmaillottoit dans de fortes cordes, serrées avec un tourniquet, que le commissaire de police eut l'humanité de faire relâcher un peu au corps-de-garde de la barrière des Sergents, pour laisser respirer le prisonnier; il alloit mourir.

C'est ainsi que Pichegru fut emporté dans le cabinet de son premier interrogateur, qui ne lui demanda d'autre garantie contre lui-même que sa parole, et qui ne le laissa manquer d'aucun soin. Ces égards, dont la sensibilité fait un devoir à quiconque est doué d'une âme, et que l'esprit conseilleroit tout seul, n'étonneront personne de la part de M. Réal, dont les admirables plaidoyers annoncent tant d'âme et tant d'esprit.

Il paroît, à l'interrogatoire imprimé, que les réponses de Pichegru furent âpres et presque brutales. Il refusa de dire son nom paternel; il refusa d'avouer d'autres rapports avec Moreau que ceux dont l'Europe étoit informée; il refusa de signer. Je parle d'après la procédure publique, ainsi que parle le vulgaire.

Je sais d'autres détails. On n'avoit saisi

aucun papier mystérieux dans la chemise de Pichegru ; mais les agents de police faisoient quelque fond sur un volume perfidement imprimé en chiffres inconnus, qui s'étoit trouvé sous son oreiller, et qui devoit recéler des mystères bien inconnus ; c'étoit un Thucydide grec.

M. Réal sourit, et demanda au prisonnier s'il lui seroit agréable de se munir au Temple de quelques autres conspirateurs de la même espèce. Pichegru, adouci par des procédés si délicats, et dont nul homme n'étoit plus digne d'apprécier toute la valeur, témoigna l'envie de relire Sénèque.

« Sénèque ! vous n'y pensez pas, lui dit le
» ministre-adjoint, le *Joueur* de Regnard ne
» s'avisa de cette lecture qu'après avoir perdu
» sa dernière partie !... »

Elle n'étoit donc pas perdue aux yeux de Napoléon et de ses amis, la dernière partie de Pichegru !

Et si Pichegru n'avoit été qu'un misérable traître, capable de vendre à l'étranger la terre et le sang du pays, valoit-il qu'on s'occupât de lui donner une chance et un bénéfice dans le jeu de Napoléon?

Cependant, peu de temps après on lui offroit le gouvernement de cette Guiane françoise où il avoit été déporté.

Pichegru promit sa réponse pour le lendemain, et le lendemain on le trouva mort.

Avant d'arriver à l'énigme de ce dernier événement, qui restera une énigme, et ce n'est pas ma faute, il faudroit peut-être expliquer comment j'ai pénétré dans les mystères de celle-ci.

Ce que je viens de rapporter, en effet, n'a jamais été écrit, et il y avoit cependant deux excellentes raisons pour donner à cette anecdote la plus grande publicité possible; c'est qu'elle avoit pour conséquence nécessaire la réhabilitation des deux grands personnages de la révolution, de Pichegru comme traître, et de Napoléon comme assassin.

Non, sans doute! Napoléon n'a ordonné ni permis l'assassinat de Pichegru, puisqu'il n'attendoit que sa réponse pour lui conférer une partie de la puissance souveraine sur un autre point de la terre. Il sentoit seulement que l'ancien monde étoit trop étroit pour les contenir à la fois tous deux.

Non, sans doute! Pichegru n'avoit pas trahi le pays, puisque le plus sévère et le plus partial de ses juges lui déléguoit spontanément l'honneur de représenter la France dans des contrées où elle ne peut être représentée que par un pouvoir sans limites, et d'y régner en son nom avec des millions et des soldats.

Mais pour faire sortir ce fait du rang des fictions historiques auxquelles on m'accuse de me complaire, le bon sens du public exigeroit autre chose que le témoignage d'un homme qu'on n'a jamais soupçonné, grâce au ciel, d'avoir eu part, sous aucun régime, aux confidences de la police. On exigeroit peut-être de moi, comme des anciens chrétiens, celui de David et de la sibylle [1].

Ou bien, on feroit mieux, on s'informeroit de la vérité de ces dernières circonstances auprès de M. le comte Réal, dont la vieillesse vi-

---

[1] Ces détails m'avoient été racontés par M. Réal devant plusieurs témoins, au nombre desquels se trouvoit M. David, notre célèbre statuaire, et c'est ce qui explique cette illusion. Le chapitre entier a été imprimé du vivant de M. Réal et de son aveu.

rile a conservé toute la verdeur des souvenirs de la jeunesse ; de M. Réal, seul intermédiaire et par conséquent seul garant digne de foi de cette négociation. La seule dénégation de M. Réal détruiroit toute la crédibilité de mon récit. Je me soumets volontiers à cette épreuve.

Nous partirons donc de cette hypothèse, que je tiens pour admise, dans l'examen des pensées qui durent occuper Pichegru jusqu'à sa dernière résolution.

Pichegru étoit coupable de fait envers le gouvernement consulaire, comme l'eût été Thrasybule tombé à la discrétion des trente tyrans, comme l'étoit Pélopidas, si un mouchard thébain l'avoit livré à l'oligarchie.

Il n'y avoit pas un juge à Paris qui ne pût le condamner en conscience, d'après le texte de la loi. Il n'y avoit qu'un homme à Paris qui pût lui faire grâce, et cet homme étoit Napoléon.

Napoléon étoit disposé à lui faire grâce : il le savoit. Napoléon vouloit le traiter plus largement, et il le savoit aussi. Pichegru n'étoit pas seulement menacé de vivre ; il étoit menacé d'une faveur, d'un gouvernement, d'une vice-royauté ; à lui, captif promis au bourreau, on lui promettoit une portion de l'autorité impériale.

Si Pichegru avoit été le traître qui vendit indignement son épée pour donner son nom à un village, il n'auroit pas balancé à sauver sa tête quand on lui jetoit presque un monde.

Mais pour sa grande âme une flétrissure honorifique n'en étoit pas moins une flétrissure. Il ne trancha pas le nœud gordien comme Alexandre; il le serra. Je ne sais aucune autre manière d'expliquer son suicide.

Quant à l'assassinat, il seroit heureusement plus difficile encore à expliquer. L'intérêt du crime n'y est pas, et les crimes de notre civilisation ne vont plus sans intérêt. Laissons sur Bonaparte, et j'y consens à regret, le sang innocent du duc d'Enghien, tant que l'histoire ne l'en aura pas lavé. Connivence ou foiblesse, déférence ou cruauté, c'en est déjà trop pour sa mémoire. Ce sang criera plus haut que celui de Clytus et de Callisthène.

Un très-petit nombre de ces attentats sont l'ouvrage de l'homme qui en recueille le profit — et la honte! mais les meurtriers officieux foisonnent partout où il y a des tyrans.

Avant d'arriver à une controverse bien moins embarrassante qu'on ne croit et qui n'occupera que la moindre partie de ce discours, quoiqu'elle en soit le principal objet, je dois donner quelque idée de Pichegru, sous le rapport physique et moral. Je ne comprends pas la biographie sans portrait.

Pichegru n'avoit que trente-deux ans quand il fut élévé au commandement en chef de l'armée du Rhin; mais, comme dans tous les hommes qui deviennent des types, l'expression de sa physionomie avoit devancé la maturité de l'âge. Ainsi que le jeune Caton, dont la vie et la mort ressemblent à la sienne, jeune encore, il imposoit déjà le respect. Deux ans auparavant, M. de Narbonne, alors ministre de la guerre, avoit dit de lui ce mot spirituel qui équivaut à un signalement : « Qu'est donc » devenu ce jeune sous-officier devant lequel les » colonels étoient tentés de parler chapeau bas? »

Pichegru me paroissoit vieux, et sa conformation prêtoit à cette erreur commune aux enfans. Sa taille, au-dessus de la moyenne, étoit plutôt bien plantée que bien prise; elle n'avoit d'élégance que ce qui sied à la force

Quoique peu charnu, il étoit large. Son buste ouvert, son dos un peu voûté, ses vastes épaules qui soutenoient un cou ample, court et nerveux, lui donnoient quelque chose d'un athlète comme Milon, ou d'un gladiateur comme Spartacus. Son visage participoit de cette forme quadrangulaire qui est assez propre aux Francs-Comtois de bonne race. Ses os mandibulaires étoient énormes, son front immense et très-épanouï vers ses tempes dégarnies de cheveux, son nez bien proportionné, coupé de la base à l'extrémité par un plan uni qui formoit une large arête. Rien n'égaloit la douceur de son regard quand il n'avoit point de raison pour le rendre impérieux ou redoutable. Si un grand artiste vouloit exprimer sur une face humaine l'impassibilité d'un demi-dieu, il faudroit qu'il inventât la tête de Pichegru.

Son mépris profond pour les hommes et pour les événements, sur lesquels il n'exprimoit jamais son opinion qu'avec une ironie dédaigneuse, ajoutoit encore à ce caractère. Pichegru servoit loyalement l'ordre social qu'il avoit trouvé, parce que c'étoit sa mission; mais il ne l'estimoit pas, et il ne pouvoit pas l'estimer. Son cœur ne s'émouvoit qu'au souvenir d'un village où il espéroit passer sa vieillesse. « Remplir sa tâche et se reposer, disoit-il souvent, c'est toute la destinée de l'homme. »

Pour lui supposer d'autre ambition que celle qui aspire à l'oisiveté rêveuse, à la nonchalance occupée du sage, il faut n'avoir jamais approché de Pichegru. Je m'en rapporte à ceux qui l'ont connu, sans excepter ses ennemis.

Qu'on fasse un vice, je m'y soumets, de sa vertu dominante, mais qu'on ne la défigure pas. Un empire auroit été trop petit pour son génie; une métairie auroit été trop grande pour son indolence.

Son voyage même à Paris, sans éclaircissements, sans conseils, sans promesse écrite, à la merci d'un rival dont il avoit éprouvé la foiblesse et la mobilité, n'est que l'acte d'un paresseux plein d'âme et de dévouement, qui change laborieusement de place au soleil pour être encore une fois utile.

Qu'auroit-il fait d'un trésor? Il n'avoit jamais pu apprendre à compter l'argent. Ce grand mathématicien de l'école de Brienne étoit incapable de régler en monnoie courante le compte d'une blanchisseuse. Quand on lui apportoit, au quartier-général, ses appointements du mois (c'étoient alors des assignats en feuilles), il en coupoit au jour le jour ce qui lui étoit nécessaire pour payer la dépense en nombre rond. Le surplus traînoit sur son matelas, sur sa table, sur sa chaise, ou à côté.

Pichegru n'a jamais été marié, quoiqu'on l'ait fait maladroitement stipuler, dans le fameux marché des fourgons de Kinglin, pour des enfants qu'il n'avoit pas; la restauration s'est cependant hâtée de pensionner une petite aventurière qui se donnoit pour sa fille. L'étourderie bienveillante de la récompense étoit la conséquence nécessaire d'une étourderie malveillante dans l'accusation. Au fond de l'une et de l'autre, il n'y avoit heureusement qu'un mensonge.

Pichegru, sous-officier, s'étoit fait ce que les sous-officiers appellent une bonne amie; et celle-ci, pour un homme tel que lui, ne pouvoit être qu'une amie décente, sérieuse et respectable. Cette pauvre fille, que je vois

d'ici et qui s'appeloit Rose, étoit à peu près
de l'âge de Pichegru ; elle étoit fort médiocrement jolie et boitoit. Son état d'ouvrière en
robes, dans lequel elle excelloit, lui permettoit
de vivre honnêtement sans recourir à personne.
J'ai ouvert dix lettres d'elle, sur l'autorisation
que m'avoit donnée le général d'ouvrir toutes
celles qui ne provenoient pas du gouvernement, et je n'ai jamais vu de lettres plus nobles, plus raisonnables et plus touchantes.
Elle ne le tutoyoit point ; elle l'engageoit, avec
une confiance fondée sur son caractère, à ne
pas se laisser éblouir par les prestiges de la
fortune, à rester le bon Charles qui s'étoit fait
aimer dans une condition obscure, et à faire,
quand il le pourroit, quelques économies pour
ses parents pauvres. Pour elle, ce n'étoit que
peintures exagérées de son bien-être et de ses
succès. Elle avoit fait six robes pour la femme
du représentant, elle en coupoit six autres
pour la femme du général ; elle avoit même de
l'or, ce qui étoit fort rare dans ce temps-là.
Digne et honnête créature !... Pichegru relisoit ces lettres avec une émotion si douce, et
il disoit si fièrement en les serrant dans son

portefeuille : « C'est pourtant moi qui lui ai
» appris l'orthographe ! »

On sait que Pichegru n'avoit jamais d'argent
en réserve. J'ai dit comment il payoit : comment il donnoit, on le devine. Quand je le
quittai à Wissembourg, les feuilles d'assignats
étoient de fortune arrivées la veille, et les ciseaux y avoient déjà fait un large travail. » Il
faut cependant, me dit-il, que j'envoie une
petite marque de souvenir à Rose. » Cette
marque de souvenir du premier homme de la
république pour une tailleuse qui étoit sa
meilleure amie, c'est moi qui la rapportai :
un parapluie, un beau parapluie vraiment,
qui avoit coûté 38 francs en assignats au pair !

Je sais que tout cela est bien puéril ; mais
quoi ! Je ne l'écris cependant pas sans attendrissement : j'aime à trouver de semblables
détails dans Plutarque, et Pichegru étoit un
homme de Plutarque, ou il n'y en eut jamais.

Des détails, en voici encore : trois ans après,
j'étois encore un enfant, mais un enfant de
cette époque, nourri d'études fortes et de sentiments exaltés, capable de se passionner pour
tout, et surtout pour les causes périlleuses,

ambitieux de dévouement et de dangers. Pichegru rendu à l'état de citoyen, mais dictateur universel de l'opinion, traversoit alors en triomphateur ces villes de Franche-Comté où une populace imbécille devoit un jour traîner ses statues dans la boue. Une de ses premières pensées fut de m'appeler. Je l'accompagnai à Arbois. J'ai fait seul avec lui dans sa voiture cette partie de son voyage. De Besançon, il y a onze lieues de poste.

Je venois d'embrasser avec toute la ferveur d'un néophyte le parti tout aussi absurde, mais non plus absurde qu'un autre, auquel on ose prétendre que Pichegru s'étoit vendu plus d'une année auparavant, comme si Pichegru avoit pu se vendre ! j'exerçois sur la classe jeune un certain ascendant d'expansion, et si l'on veut de turbulence. J'espère au moins qu'on ne me contestera pas celui-là, même dans mon pays. J'étois un Séide tout fait, et j'en valois bien un autre. Si Pichegru avoit conspiré, il l'auroit pris. Mais Pichegru ne conspiroit pas.

Il m'aimoit cependant, et je ne lui ménageois pas les aveux. Eh bien !.... ses conseils sont devenus la règle de ma raison quand j'ai été affranchi de toutes les erreurs dont il m'avoit détourné. La politique de Pichegru, c'étoit l'ordre, le devoir, la morale, la politique des gens de bien d'aujourd'hui, au désespoir près.

Arbois ne l'accueillit pas comme un de ses enfants, mais comme le roi de ces jours de nécessité. Rien n'étoit plus fait pour lui déplaire que ce pompeux cérémonial sous lequel se déguisoient gauchement les secrètes vues des partis. Il savoit trop que tout cela ne s'adressoit pas à lui ; il avoit résolu d'y couper court une fois. Après ces manifestations générales de reconnoissance et d'affection qui ne coûtoient rien à une âme si naturelle et si tendre, après ces effusions d'un abandon plus intime que sollicitoient d'anciens souvenirs : « Mon
» cher compatriote, dit-il au président de la
» députation qui étoit venue le recevoir, je n'ai
» qu'un très-petit nombre d'heures à passer
» dans mon pays natal, et je les dois presque
» toutes à mes parents des villages voisins. Si
» l'amitié qui m'unit à vous m'entraînoit à
» négliger mes devoirs de famille, vous m'en
» blâmeriez le premier, et vous auriez raison.

» Vous venez cependant me proposer un dîner
» et un bal. Quoique j'aie perdu depuis long-
» temps l'habitude de ces plaisirs, j'y partici-
» perois volontiers. Je serois heureux de vider
» en si bonne compagnie quelques verres de
» notre excellent vin mousseux, et de voir
» danser les jeunes filles d'Arbois qui doivent
» être bien jolies si elles ressemblent à leurs
» mères : mais un soldat n'a que sa parole, et
» je vous jure sur l'honneur que je suis retenu.
» J'ai promis il y a long-temps à Barbier le
» vigneron de faire avec lui mon premier re-
» pas quand je reviendrois au pays; et, en
» conscience, d'ici au coucher du soleil, je
» n'en peux pas faire deux. »

Il étoit trois heures après-midi. L'émotion fut grande. Il n'étoit plus question que de trouver ce vigneron si dédaigné la veille, qui avoit eu l'honneur d'être l'ami du général. C'étoit un pauvre diable qui possédoit un petit coin de vigne pour toute fortune, et qui arrosoit annuellement de son produit une mauvaise croûte de pain noir. Les enfants l'appeloient Barbier *le Désespéré*, à cause d'un certain abandon mélancolique et farouche qui se remarquoit dans sa singulière personne, et ce nom lui est probablement resté s'il vit encore.

En attendant, on escortoit processionnellement le général. Au bout d'une promenade qu'on appelle, je crois, *la Foule*, il s'arrêta un moment devant le vieux tilleul où fut pendu le capitaine Claude Morel, dit le Prince, par les ordres de Biron. « Conservez bien cet arbre-là ! dit-il avec émotion.... Ce brave homme a joui d'un bonheur qui est l'objet de tous mes désirs ! Il est mort pour la patrie !... »

On étoit parvenu à trouver le Désespéré dans sa vigne, et on lui avoit porté, chapeau bas, l'invitation respectueuse des autorités de la ville. Il s'étoit rendu au banquet sans autre cérémonie, et après avoir déposé dans un coin ses outils et sa hotte, il s'étoit jeté en pleurant de joie dans les bras de Pichegru.

— « C'est donc toi, Charlot, mon pauvre Charlot ! s'écrioit Barbier-le-Désespéré. »

— « C'est donc toi, mon cher camarade ! lui répondoit Pichegru en pleurant aussi. »

Je puis me tromper sur un homme que j'admire par-dessus tous les hommes qu'on admire, mais jamais la simplicité, la naïveté des mœurs, ne m'a paru toucher de plus près au sublime.

Pichegru fit asseoir le Désespéré à côté de lui, ne parla en particulier qu'à lui, et ne le quitta pas jusqu'à son départ. S'il y avoit là des émissaires de Pitt et Cobourg, ils en furent pour leurs frais.

Voilà le traître qui conspiroit pour l'aristocratie, pour le pouvoir absolu!...

Et s'il avoit conspiré pour lui-même, s'il avoit daigné leurrer le peuple d'une fausse espérance, s'il avoit trahi la liberté en la proclamant, s'il s'étoit laissé infliger le pouvoir impérial en feignant de le repousser, ceux qui le calomnioient alors, le front aujourd'hui baissé dans la poussière, adoreroient son effigie au sommet d'une colonne!

Mais cette conspiration pour les Bourbons, où en sont les preuves? Je n'en oublierai pas une.

Est-ce dans les paipers si adroitement, si heureusement saisis le lendemain du 18 fructidor, dans les fourgons de Klinglin, de d'Antraigues, des intrigants de Bareuth? car on n'a jamais vu tant de fourgons égarés... Il eût été facile de les examiner *légalement*, dit l'habile auteur de l'article PICHEGRU dans la *Biographie des contemporains*, qui est une des pièces les plus solides de l'accusation ; mais il est tant de parvenus à l'autorité, ajoute-t-il, qui aiment mieux proscrire ! »

Ces papiers n'ont donc pas été examinés LÉGALEMENT ; ils n'ont jamais été VUS EN NATURE ; on n'a fait dans leur publication ni la part du vil espion qui invente de faux rapports pour fournir aux besoins de sa méprisable vie, ni la part du sycophante qui suppose ou qui falsifie des documents pour justifier ses gros salaires diplomatiques ou pour les faire augmenter, ni la part du lâche, quel qu'il soit, qui s'empresse d'aggraver de son témoignage honteux une dénonciation capitale, pour l'empêcher de s'étendre jusqu'à lui !...

Et quand des papiers saisis dans des fourgons ou ailleurs ont-ils manqué à la proscription d'un grand homme ? Si Bonaparte avoit échoué à Saint-Cloud, le directoire n'avoit-il pas en main son premier traité secret avec le duc d'York, son second traité secret avec le roi de Prusse par l'intermédiaire de Sieyès ? N'étoit-ce pas pour eux que le 18 brumaire avoit été entrepris? J'en peux parler savamment de ces traités-là; je les ai vu faire.

On sait aujourd'hui, à n'en pas douter, comment Bonaparte s'entendoit avec le duc d'York et le roi de Prusse.

Et puis j'admets qu'il y ait des pièces authentiques dans ce fatras d'infamies, et je n'y suis certainement pas obligé; j'admets que de misérables ardélions de la police royale se soient faits forts de quelques beaux noms pour se recommander à leurs maîtres, et que leurs maîtres aient été assez dupes pour les écouter; j'admets jusqu'à l'authenticité de ce projet de marché où Pichegru célibataire se fait ridiculement octroyer des avantages actuels pour des enfants qui n'existent pas; qu'est-ce que cela prouve, sinon que les courtiers de conspiration sont bien insolents, et que ceux qui les paient sont bien crédules? Il n'y a pas de jour où des escroqueries, toutes semblables en petit, n'égaient l'auditoire de la police correctionnelle.

Veut-on savoir ce qu'en pensoit lui-même le corps législatif de fructidor? Barras, Thibaudeau, Cambacérès, et vingt autres, étoient compromis dans ces correspondances, ni plus ni moins que Pichegru : on passa à l'ordre du jour à l'unanimité, APRÈS LE 18 FRUCTIDOR !

Ce n'est donc pas cela qui peut fonder la proscription morale de Pichegru. Voyons le reste.

Est-ce par hasard la lettre tardive de Moreau, cette dénonciation après coup qui révéloit au directoire une ancienne conversation confidentielle entre lui Moreau, général en chef, et Pichegru, alors déporté, alors garrotté d'indignes liens dans une charrette grillée ? Cela ne seroit pas beau, mais qu'en résulteroit-il en dernière analyse ? Deux choses : que Pichegru croyoit à Moreau, et que, parmi les éventualités de la France révolutionnaire, il avoit le bon sens de compter sur la monarchie. La belle merveille ! Ce secret que Pichegru auroit soufflé à l'oreille de Moreau, c'étoit le secret de la comédie, la dernière pensée de tout le monde. Pour que Pichegru n'en parlât pas à Moreau, il auroit fallu qu'il prît Moreau pour un mouchard, pour l'homme de la lettre au directoire.

Respect cependant, je le veux bien, à la cendre de Moreau, de Moreau lui-même! qui est mort au milieu des Russes, dans des circonstances bien plus défavorables à sa mémoire qu'aucune de celles dont on charge la mémoire de Pichegru, et qui, selon toute apparence, est cependant mort innocent de trahison. Je ne suis pas suspect quand je défends celui-là !

Mais cette lettre de Moreau, il l'a déniée sans intérêt à le faire, quand il avoit intérêt peut-être à l'avouer; et c'est l'acte le plus viril de sa vie morale et politique. Elle est donc comme non avenue dans la question.

Allons toujours aux preuves de la conspiration de Pichegru. J'ai promis de ne pas les éviter.

Est-ce le fait singulier sur lequel s'appuie l'article de la *Biographie des contemporains*, qui n'est certainement pas à récuser pour les ennemis de Pichegru? Les expressions du rédacteur, homme de cœur, d'esprit et de mesure, qui lutte visiblement malgré lui contre son intime conviction, sont trop précieuses pour que je ne prenne pas plaisir à les copier. Elles m'éviteront presque la peine de répondre.

« Un émigré, dit-il, transfuge du parti roya-
» liste, livra le premier, à ce qu'on assure, aux
» directeurs les secrets du prince de Condé et
» de Pichegru, secrets auxquels il avoit été
» initié, et obtint pour prix de sa délation des
» récompenses pécuniaires et des missions
» d'observateur à l'étranger. »

Quand *transfuge*, *délation*, *récompenses pécuniaires* et *mission d'observateur à l'étranger* seront de la langue de l'honneur et de l'histoire, je dirai ce que vaut ce témoin; et je le dirois dès aujourd'hui s'il n'étoit mort.

Est-ce le radotage de Fauche-Borel, devenu par je ne sais quel hasard chroniqueur authentique de la restauration ? Ceci mérite un peu plus de développements. Nous entrons sur un autre terrain.

Fauche-Borel étoit une espèce de bon homme, sincèrement attaché aux Bourbons, vulgaire et naïf de nature, actif et remuant d'instinct, serviable par sentiment comme un bon Suisse, plus serviable encore quand il y avoit quelque chose à gagner à l'être, comme le Suisse du proverbe; un prêteur obligeant qui avoit trop de débiteurs à Coblentz pour ne pas retrouver quelques protecteurs à la cour; un messager officieux dont les frais de poste se payoient en complimens; un intrépide entremetteur dont les dangers se reconnoissoient en promesses. L'appétit vient en mangeant, et l'esprit en intriguant. Il s'avisa un jour de se dédommager des pertes du courtage dans les gros salaires de la diplomatie, et ses prétentions furent bien accueillies, car les diplomates du roi légitime n'étoient pas forts. Dès ce moment il sillonna l'Europe de ses roues dans toutes les directions, comme le Bawer de Potemkin, colportant de ville en ville, de camps en camps, et de palais en palais, des lettres de créance griffonnées sur satin, signées *Louis*, et plus bas *d'Avaray;* puis, rendant en échange et contre de bons mandats toutes les billevesées qui lui passoient par la tête. Ce n'étoit pas que le pauvre Fauche n'eût eu des entrevues solennelles; il seroit allé proposer au cardinal Maury de décoiffer le chapeau rouge, et à Napoléon couronné d'accepter l'épée de connétable, car il agissoit en conscience; mais le résultat de ces négociations s'arrangeoit si étrangement dans son esprit que les refus les plus déclarés s'y tournoient en promesses, et il ne rentroit jamais auprès de son prince nomade que les mains chargées de lis qui distilloient une myrrhe royale, comme ceux du *Cantique des Cantiques*. Il ne faut pas croire pour cela que Fauche fût un menteur systématique. Il croyoit profondément tout ce qu'il s'étoit raconté à lui-même, et je ne l'ai jamais vu varier dans le thème grossier de ces happe-lourdes qu'on a fait semblant de prendre pour argent comptant de Mittau à Varsovie, de Varsovie à Hartwell, et de Hartwell aux Tuileries.

Fauche m'a souvent, en effet, débité toutes ces sornettes avec l'aplomb d'un théologien qui prêche le dogme ; je les ai gravement écoutées, en me contentant d'opposer quelque doute à des faits matériellement faux dont l'impossibilité tomboit sous les sens de tout le monde, pour me procurer le plaisir de les entendre répéter dans les mêmes termes, ni plus ni moins ; car j'ai déjà dit que Fauche étoit invariable dans ses formules. A la seconde ou troisième affirmation, je tombois d'accord avec lui, sauf à rire, et je n'en étois pas plus convaincu. Nos contestations ne pouvoient aller fort loin, parce que Fauche, devenu vieux et infirme, avoit été d'ailleurs dans sa cause un agent utile et un fidèle serviteur; qu'il avoit beaucoup souffert dans sa personne et dans celle des siens, et que pour dernier résultat, la restauration l'avoit laissé pauvre comme les pierres sur lesquelles il a fini par se briser le crâne à défaut de quelques misérables billets de 1,000 francs dont on faisoit litière à de méchants paperassiers. Je l'ai connu, je l'ai plaint; je n'accuse pas sa pauvre cendre oubliée, abandonnée, mais je déclare sur l'honneur, et à la face de tout ce qu'il y a de gens sensés dans le parti qu'il a servi, que nous n'avons jamais cru un mot de ce qu'il disoit.

Je me rappelle ici une anecdote remarquable. Fauche conservoit une foi si aveugle à cette grande conspiration monarchique dont son génie, à lui Fauche, avoit été la cheville ouvrière, que si la toute-puissance et la toute-bonté de Dieu lui permettent de retrouver un jour Pichegru au paradis des sages, il lui en touchera certainement quelques mots. Ne se souvint-il pas après la restauration d'y avoir impliqué Cambacérès et Barras ? Fauche victorieux se crut obligé d'aller visiter ses innocents complices, dont la position paroissoit moins favorable, et rien n'est plus propre à confirmer ce que l'on savoit déjà de la bienveillance de son caractère. Cambacérès le fit mettre à la porte; Barras, qui étoit la fleur des hommes polis, l'invita à dîner. Il y avoit là vingt hommes aujourd'hui vivants, dont quelques-uns jouent un certain rôle dans les affaires, et qui rient encore de l'opiniâtreté de Fauche à soutenir devant Barras que Barras avoit conspiré pour les Bourbons, et du dépit nerveux et convulsif de Barras, qui ne pouvoit opposer que des cris et des serments à son corrupteur impassible. Cela devoit être fort bouffon.

Il est probable que le dîner chez Barras finit comme la visite à Cambacérès avoit commencé; mais Fauche ne se déconcertoit pas pour si peu. Huit jours après, tout entier à son idée fixe, il vous auroit dit fièrement qu'il venoit de visiter Cambacérès ou de dîner chez Barras, ses anciens collaborateurs au grand œuvre de la restauration si heureusement accompli.

Telle est cependant l'*autorité historique* sur laquelle sont fondés tant de mensonges *histo-*

riques, ou prétendus tels, que je viens le premier convaincre d'impertinence et d'effronterie : correspondances vraies, correspondances supposées, marchés verbaux, marchés écrits, trahisons gratuites ou payées, le secret des fourgons, la révélation de Montgaillard, le sot article de Beaulieu dans la *Biographie universelle*; l'article cent fois plus décent de la *Biographie des contemporains*, où l'on n'a copié Beaulieu qu'en rougissant, aveux implicites de la restauration qui n'étoit pas fâchée de compter un illustre martyr de plus, honneur tardif, ovations posthumes, et monuments mal entendus! Il n'y a derrière tout cela que la grosse figure du malheureux Fauche se portant garant de la honte de Pichegru devant les Bourbons, devant le pays et devant la postérité.

Fauche n'avoit vu Pichegru que deux fois avant la proscription de fructidor, dont les suites conduisirent Pichegru à Londres, et Fauche en est convenu avec moi. La seconde fois, Pichegru reconduisit Fauche jusqu'au bas de l'escalier, et se retournant du côté de son aide-de-camp : « Lorsque monsieur reviendra, dit-il, vous me rendrez le service de le faire fusiller. » Puis donnant le bras à Gaume pour remonter : « Il ne faudroit pas le fusiller, continua-t-il en riant ; mais j'espère qu'il n'y reviendra plus. »

La restauration s'abandonnoit, selon son usage, à l'impulsion donnée. La commission du monument de Pichegru, dont j'ai fait partie, et dont les intentions étoient admirables, obéissoit machinalement à la même impression. « Mais, au nom de Dieu, disois-je à Delarue, vous savez qu'il n'y a pas un mot de vrai dans tout cela! — Pas un mot! me répondit Delarue; mais Pichegru est mort royaliste. » — Je le crois !

Royaliste, soit, mais non traître ! — Mon ministère à la commission finissoit là, comme il finit ici.

Et cette longue apologie, en effet, je ne l'ai pas écrite pour les républicains. Pichegru étoit trop pur pour prêter son appui aux républiques de nos jours de corruption !

Je ne l'ai pas écrite pour les légitimistes. Pichegru, légitimiste de cœur et de raison comme tous les honnêtes gens de son temps, n'auroit jamais engagé secrètement sa loyale épée à une cause qui n'avoit pas reçu son serment public.

Je ne l'ai pas écrite pour les enfants de Pichegru; il n'en a point laissé.

Je ne l'ai pas écrite pour ses parents. Ses parents sont à leurs vignes, et ne se doutent guère que la vertu de Charlot Pichegru ait pu être soupçonnée.

Je ne l'ai pas écrite pour sa noble et inoffensible mémoire ; elle se passera bien de moi.

Je ne l'ai pas écrite pour l'histoire. Qu'est-ce que c'est que l'histoire ?

Je l'ai écrite pour la vérité.

S'il reste des successeurs et des avocats à Fauche, à Beaulieu, à Montgaillard, au directoire; — s'ils parviennent à me prouver que je me trompe, — ah! je n'aurai pas la force de jeter ma boule noire dans l'urne de l'opinion ! Je ne condamnerai pas Pichegru, le plus infortuné des hommes, comme il en est le plus grand ! Mais je n'en parlerai plus. En attendant, je les en défie !

RÉAL.

Parmi les gens du monde qui fréquentent les nobles salons libéraux de la nouvelle France, il n'est personne qui ne se souvienne d'y avoir remarqué un vieillard plus que septuagénaire, d'une taille moyenne, mais bien prise, d'une toilette modeste, mais propre et soignée, d'une tournure encore virile et quelquefois sémillante, qui ne rappeloit en rien la caducité de l'âge et les orages de la vie; d'une figure peu régulière, mais qui avoit été agréable, et qui l'étoit encore à force d'expression; coiffé de beaux cheveux blancs qu'on envieroit à vingt ans, et armé d'un regard bleu, lucide et transparent où n'avoit jamais cessé de briller tout le feu d'une ardente jeunesse.

Quand le dîner tiroit à sa fin, et que la conversation, excitée par le champagne et le plaisir, devenoit tout à coup générale autour d'une table splendidement servie dont j'ai vu faire les honneurs par une des plus aimables et des plus jolies femmes de Paris, sinon par la plus aimable et la plus jolie (madame Coste), une voix souple et ferme, sonore et bien accentuée, s'élevoit d'ordinaire, dominoit toutes les autres, et finissoit par captiver l'attention des plus distraits. C'est que ce n'étoit plus une causerie vague et souvent insipide pour ceux mêmes qui en font les frais; c'étoit une narration spirituelle, animée, dramatique, riche sans digression, pleine sans verbiage, érudite sans pédantisme, et polie sans afféterie, dont l'attrait paroissoit d'autant plus piquant aux écouteurs que l'historien avoit presque toujours été un des principaux personnages des scènes qu'il racontoit. Or ce n'étoit pas là de ces scènes vulgaires auxquelles la vanité seule d'un homme prévenu de son importance peut supposer quelque intérêt, parce qu'il imagine sottement que le reflet de son nom couvrira la pauvreté de son récit. C'étoit du grave, du grandiose, du terrible. Tous les acteurs imposants de la révolution y jouoient leur rôle, depuis les tribuns sanguinaires qu'avoit faits la populace, jusqu'à l'immortel empereur qu'avoient fait les soldats; et voilà pourquoi, lorsque cet homme avoit fini de parler, on gardoit quelque temps le silence, comme pour l'entendre encore.

Cet homme, c'étoit le vieillard.

Le vieillard, c'étoit le comte Réal.

Le comte Réal, c'étoit le fils d'un garde-chasse de Chatou, qui lui avoit donné l'éducation requise pour devenir procureur au Châtelet.

Ce procureur au Châtelet avoit fait son chemin. On l'avoit vu avocat, puis accusateur public près le tribunal du 10 août, puis historiographe de la république françoise, puis commissaire du gouvernement au département de Paris, puis conseiller d'état à la section de la justice, puis préfet de police de l'empire, et comte par-dessus tout cela. Je ne suis pas de ceux qui le blâment d'avoir mordu trop vite à l'hameçon d'or de la fortune ; l'appât étoit friand, l'exemple étoit contagieux, et je sais quelques-uns de nos Gracques à la barbe en alène qui n'y mettroient certainement pas plus de façon en pareille circonstance. L'histoire d'un événement et d'une époque, c'est l'histoire de toutes les époques et de tous les événements. Mais j'aurois attendu davantage de la vocation d'un noble caractère, et tout jeune je déplorois souvent avec amertume la défection dont Réal me sembloit coupable envers son propre talent. Je me souviens d'avoir exprimé un jour ce regret à Chénier, qui faisoit rarement des calembourgs, mais qui n'aimoit pas Réal, et qui saisissoit avec plaisir l'occasion de lancer un trait mordant contre ces transfuges de la liberté, si vite embauchés au pouvoir : « Que veux-tu ? dit-il en me frappant sur l'épaule, Réal *réalise*. »

Mon intention n'est pas d'ailleurs de considérer l'homme politique dans M. le comte Réal. Qu'est-ce qu'une opinion, qu'est-ce qu'un rôle, qu'est-ce qu'un caractère politique ? Un habit à la mode du temps jeté sur de pauvres automates que le jeu des circonstances fait mouvoir ; une carmagnole de 1793 qu'on retourne, qu'on reteint, à laquelle on attache des basques, sur laquelle on brode des palmes ou des étoiles, dont on répare le délabrement, dont on rajeunit la vétusté sous la bigarrure des rubans et la splendeur des crachats, sauf à troquer un jour ou l'autre tout cet oripeau de friperie contre la première amulette venue, au choix de la populace, moyennant un juste retour, comme ces marchands ambulants qui vendent les vieux galons. Les philosophes qui étudient l'homme dans ces sottes mascarades sont dignes d'étudier la femme dans les poupées des marchandes de modes. Il n'y a rien là de la nature humaine ; et c'est une grande consolation pour les esprits nobles et sensibles qui ont médité sur sa destination, et qui se sont fait une autre idée de sa dignité.

Ce qui constitue l'homme aux yeux de la raison, c'est la raison; c'est cette faculté intelligente qui le distingue presque seul du reste des animaux, et Spinosa, moins matérialiste qu'on ne le croit généralement, en avoit follement conclu qu'il n'y avoit de résurrectible dans l'homme que le principe intelligent dont il ne concevoit pas plus que moi l'impossible destruction. Ce qui constitue l'homme, c'est surtout la bienveillance, à laquelle Spinosa n'a pas pensé, et qui est le plus essentiellement immortel de ses éléments. Tous les deux ont échappé jusqu'ici au scalpel de la dissection et aux analyses de la chimie. Je ne pense même pas qu'on les ait cherchés à l'amphithéâtre ou demandés au creuset.

J'ai déjà dit que Réal avoit été avocat; et je m'explique, avocat en matière criminelle, ou, selon l'expression fort exacte et fort reçue de son temps, défenseur officieux. Je crois avoir dit ailleurs qu'il avoit porté, dans l'exercice de cette glorieuse profession, un talent digne de la couronne civique, que je le plains d'avoir échangée contre la couronne de comte. C'est donc de cet avocat, dévoué au service du malheur, et non pas de ce comte enchaîné à la clientèle de la prospérité, que je me propose de parler aujourd'hui. Réal, c'est l'avocat.

Après le ministère des sages qui font du bien aux hommes, quand ils en ont le pouvoir, il n'y en a point de plus auguste que celui du citoyen généreux qui consacre sa noble vie à les protéger et à les défendre ; c'est même en sa faveur que penchera l'avantage, si on lui tient compte, comme on le doit, de l'abnégation de son dévouement et de l'incertitude de ses priviléges. L'autorité de la bonne foi, l'indépendance et l'inviolabilité, droits moraux et sacrés du défenseur, deviennent illusoires sous toutes les tyrannies, et n'empêchent pas Malesherbes de porter sa tête à l'échafaud de Louis XVI. Si Réal s'étoit avisé de la grandeur de cette destinée, dans les cinq ou six siècles de jours qui composent le règne sanglant de Robespierre, si une vertueuse émulation l'avoit appelé à partager les périls de Chauveau-Lagarde et de Trenson Ducoudray, s'il avoit déployé à disputer aux bourreaux l'innocente existence des proscrits, les ressources du zèle louable et sublime encore qui l'anima pour les proscripteurs, sa carrière eût été moins longue, sans doute, ou sa vieillesse du moins ne se seroit pas écoulée dans les loisirs dorés de l'opulence; mais son nom resteroit enveloppé d'une gloire plus durable et plus pure; car il ne lui manqua pour cela, ni cet art de la parole qui entraîne et domine les esprits, ni cette chaleur d'âme et de sensibilité qui est le génie des hommes éloquents. C'est la seule chose que j'aie à démontrer maintenant; le reste de la biographie de Réal appartient à l'histoire héraldique de l'empire, et je n'irai pas le chercher là.

Mais il faut, pour le considérer sous cet aspect, le seul oublié, le seul mémorable de sa longue vie, rétrograder avec moi de plus de quarante ans, et s'en rapporter à mes souvenirs, dont quelques esprits défiants, ou mal servis par leur propre nature, ont souvent suspecté l'infaillibilité. La mémoire, qui est certainement une des facultés les plus communes de l'homme, et dont personne n'a plus le droit de tirer vanité que de la délicatesse d'une ouïe sensible ou de la portée d'une vue pénétrante, n'a l'apparence d'un phénomène que pour ceux qui n'ont point de mémoire; les autres comprennent à merveille comment les perceptions d'une enfance vive, déjà exercée par le collége à s'approprier les faits les plus indifférents de l'histoire morte, et avidement envieuse, ainsi que cela est propre à cet âge, des faits bien plus extraordinaires qui animent sous ses yeux le drame de l'histoire vivante, ont pu laisser de profondes traces dans la pensée même du vieillard. Quant à moi, je n'ai point d'autres souvenirs, et le dégoût du présent, qui s'est accru avec mes années, a dû fortifier en moi l'habitude instinctive de vivre dans le passé. Cette époque seule se reproduit à mon imagination sous des traits brillants et pittoresques, parce que les organes que je possédois alors étoient doués d'une aptitude et d'une naïveté qu'ils ont perdues, mais dont les impressions se renouvellent encore quelquefois en réminiscences fugitives. Et comment se seroient-elles entièrement anéanties, ces premières émotions de l'enfant, puisque je n'ai jamais entretenu mon esprit d'autre chose, depuis les jours de désabusement où j'ai reconnu que, hors la vie de l'enfant, il n'y avoit rien dans notre vie qui valût la peine de vivre. C'est que pour lui tous les faits sont des spectacles et toutes les illusions des réalités; c'est que l'expérience n'a pas encore soufflé devant son prisme un nuage terne et grossier; c'est qu'il n'a jamais soulevé le rideau de la comédie et démêlé l'artifice des misérables machines qui l'éblouissent de fausses merveilles. Mon erreur s'est évanouie comme s'évanouit la sienne, lorsque j'ai vu de près les peuples et les rois et le monde; mais je me suis hâté de la ressaisir, aussitôt que j'ai pu connoître qu'elle valoit mieux que la vérité. J'ai nourri, j'ai caressé le prestige qui m'avoit du moins agréablement trompé, et je me suis conservé enfant par dédain d'être homme. Voilà le secret de ma mémoire et de mes livres.

Au reste, aucun des fragments que j'ai détachés tour à tour du long journal de ma vie n'a subi une épreuve plus difficile que celui-ci; aucun n'a vu son exactitude reconnue par un témoin plus digne de foi. M. Réal s'étoit cru obligé d'exercer autrefois contre ma jeunesse des rigueurs, légitimes peut-être, mais qui n'étoient pas légales, et dont l'exagération inouïe ne pouvoit certainement s'expliquer par mon importance politique. Le sentiment de mauvaise humeur qu'elles m'avoient inspiré à vingt reprises différentes s'étoit entièrement effacé depuis trente ans, car de tous mes souvenirs, il n'y en a point que j'oublie aussi vite que celui du mal qu'on m'a fait. Cependant j'avois rabattu quelque chose de mon enthousiasme d'enfant pour M. Réal, et, de peur de me trouver capable de le haïr encore en pensant à lui, j'avois pris le parti philosophique de n'y plus penser du tout, quand une des rencontres dont j'ai parlé en commençant nous réunit à la même table et dans la même conversation. Comme le démon de la rancune ne perd jamais ses droits sur nos âmes imparfaites, je m'avisai de me venger d'une manière assez piquante, en lui prouvant que l'écolier inoffensif envers lequel il avoit déployé tant de *mesures acerbes*, étoit alors même un des plus fervents admirateurs de son talent. Ce que je vais écrire, je le racontai avec des détails de localité plus spéciaux, plus minutieux, plus insaisissables, qui ne pouvoient avoir d'intérêt que pour lui ; faisant revivre dans une nomenclature fidèle les juges, les accusés, les témoins, reprenant le fil des débats avec leurs incidents, leurs incises, leurs interruptions, leurs péripéties ; rattachant les détails aux faits, les physionomies aux personnes, les inflexions aux paroles, et, pour couronner mon récit, abordant ses plaidoyers par l'exorde, en ferme disposition de les pousser jusqu'à la péroraison, si sa surprise m'en avoit laissé le temps. « Par quelle fatalité, dit-il en me prenant les mains, ne vous ai-je pas revu quand je fus adjoint au ministère; car aux jours dont vous parlez, vous étiez, sans doute, auprès de moi ? — Parce qu'aussitôt que vous fûtes adjoint au ministère, lui répondis-je en riant, vous me fîtes mettre au cachot. » Des dix ou douze personnes très-notables qui assistoient à cet entretien, il n'y en a qu'une aujourd'hui qui ne puisse plus en attester les circonstances. On juge bien qu'il finit là, et je conviendrai, tant qu'on le voudra, qu'il ne devoit pas trouver place ici, car je ne crois pas avoir jamais écrit une anecdote plus personnelle et plus insignifiante; mais j'y ai été contraint jusqu'à un certain point par les chicanes obstinées d'une critique soupçonneuse qui fait de ma mémoire un être de raison, pour se dispenser de me croire. Il est évident, en effet, que si ma mémoire me sert mal, ou qu'elle ne soit qu'une causeuse mensongère apostée par mon imagination, il faut bien se garder de me lire; car c'est cette faculté sycophante qui fait tous les frais de mes historiettes. C'est la seule que je me reconnoisse, la seule par conséquent que je sois intéressé à défendre contre les objections sceptiques de mes détracteurs; et ils savent à merveille que s'ils étoient parvenus à m'en déposséder, je serois tout-à-fait réduit à rien, moi qui leur ai fait depuis long-temps un amiable abandon de toutes les autres propriétés de l'esprit, pour en jouir exclusivement à leurs risques et périls. Je suis forcé d'avouer qu'ils n'abusent pas de ce privilége.

Après cette large digression, qu'on est libre de prendre pour une préface *forjetée*, je vais essayer d'entrer en matière.

Les bourreaux de Nantes étoient fatigués.

La Loire ne suffisoit plus à submerger des cadavres. L'opinion publique, s'il en restoit une, se révoltoit peut-être contre un massacre domestique exécuté dans les murs mêmes de la ville qui les avoit nourris, sur les plus purs citoyens. Quoi qu'il en soit, Carrier, embarrassé pour la première fois de cent trente-deux têtes à couper, se crut obligé d'en faire un hommage-lige au tribunal révolutionnaire. Le pourvoyeur de la mort avoit cependant pris ses précautions pour abréger le voyage des proscrits; la fusillade les attendoit à Ancenis et la noyade à Angers; mais les exécuteurs manquèrent de résolution et trompèrent sa prévoyance. Les cent trente-deux, entassés dans des charrettes, les membres liés et la tête pendante comme des animaux qu'on mène à la boucherie, furent dirigés sur Paris, où il en arriva quatre-vingt-quatorze; les trente-huit autres moururent en route, s'il n'en mourut davantage; car deux ou trois enfants, qui étoient nés pendant le trajet, furent présentés avec leurs mères au registre des écrous. Le récit que je fais là n'est pas un épisode inventé par quelque romancier atrabilaire pour noircir l'histoire des cannibales ; c'est de l'histoire de France, de l'histoire imprimée, de l'histoire officielle. Voyez le *Moniteur*.

A cet événement s'ouvre la noble carrière oratoire dont Réal devoit sortir trop vite. Une loi d'expiation avoit rendu aux accusés le droit de se faire défendre, qui leur avoit été enlevé par une loi sacrilége. Réal fut nommé défenseur d'office, et peu de causes plus justes et plus touchantes ont jamais réclamé l'appui de l'éloquence. Pour l'honneur du pays, elle n'offrit à l'avocat que l'occasion stérile de se saisir sans difficultés d'un succès sans gloire. Entre le jour de la mise en accusation des Nantais et le jour de leur jugement, une ère nouvelle avoit commencé pour la France. Robespierre étoit mort, et les échafauds de la terreur s'étoient abîmés sur lui. Le peuple social, le peuple civilisé, réveillé de sa stupeur, demandoit vengeance des assassins qui l'avoient décimé en moins de deux ans; la convention, déjà jugée par l'opinion contemporaine, comme elle le sera par l'avenir, ne sembloit s'obstiner à prolonger sa souveraineté défaillante, qu'autant qu'elle en avoit besoin pour s'affranchir de toute solidarité avec eux, et pour amasser sur leurs têtes les crimes qu'elle avoit permis et ceux qu'elle avoit commandés; les boucheries de la Vendée n'excitoient plus qu'une éxécration unanime, et la tribune résonnoit encore de ces magnifiques paroles de Legendre, que j'ai rapportées ailleurs comme le modèle effrayant d'une hyperbole à laquelle la raison fait grâce, parce qu'elle n'a rien de trop exagéré pour le sujet : « Les voyageurs de mer n'osent se soumettre au baptême du tropique, de crainte d'être baignés dans le sang de leurs parents. » Quand les infortunés dont je parlois se présentèrent au tribunal pour être condamnés, la voix publique les avoit absous ; ils gagnèrent les banquettes des victimes au milieu d'une rumeur triomphale, et s'y assirent en accusateurs. Les rôles étoient changés, les formes ordinaires subverties, et on auroit cru qu'une disposition inaccoutumée de la salle d'audience avoit placé, pour la première fois, les juges à la barre et les accusés au prétoire. Cette mutation ne seroit souvent que justice dans les procès politiques.

Je le répète, les honorables fonctions de

Réal furent trop aisées à remplir. Philippe Tronjolly, un des prévenus, homme de sens et de cœur, qui se servoit habilement de la parole, eut tous les honneurs du plaidoyer, ou plutôt du réquisitoire. Il n'essaya point de se défendre, soin que le temps s'étoit chargé de rendre superflu; il attaqua, et la hache sous laquelle Carrier l'avoit poussé lui fit raison de Carrier.

Ces premiers détails, empruntés aux journaux du temps, car je n'en avois par moi-même aucune connoissance, ne figurent ici qu'en qualité de préliminaires, puisqu'on ne voit pas que la procédure des Nantais ait contribué à mettre le beau talent de Réal dans son véritable jour; mais ils composent l'introduction nécessaire d'un autre drame qui laissa plus d'essor à son éloquence. J'ai déjà dit que l'absolution de Tronjolly et de ses co-accusés exprimoit assez sensiblement la condamnation implicite de Carrier et de son comité révolutionnaire. Ce qui restoit à régler ne paroissoit plus qu'une affaire de formalité, dont la solution définitive appartenoit au bourreau. C'étoient les témoins des premiers débats qui montoient au banc des prévenus, c'étoient les prévenus des premiers débats qui venoient se ranger au banc des témoins. Réal seul étoit resté à sa place pour prêter aux coupables un secours plus pénible et plus courageux que celui qu'il avoit offert aux innocents ; admirable ministère de l'avocat dont la sollicitude presque providentielle ne manque à aucun malheur, et qui peut dire de lui comme ce personnage de Térence : *Je suis homme, et rien de ce qui intéresse l'humanité ne m'est étranger!*

Pour la première fois depuis que les crimes des hommes sont dévolus à la justice des hommes, l'épouvantable programme de l'accusation écrite pâlit devant les faits plus épouvantables encore que révéla l'instruction orale. Pour la première fois, les récriminations mêmes d'une haine légitime, aigrie par des blessures qui saignoient encore, furent réduites à rester au-dessous de la réalité. C'est qu'il n'y avoit point d'expressions dans les langues les plus riches en amplifications monstrueuses, pour peindre les forfaits de Carrier et du comité révolutionnaire de Nantes. Le vol, l'assassinat, l'infanticide, la brutalité obscène qui souille ses victimes avant de les sacrifier, la dérision féroce qui les insulte quand elles ne sont plus, toutes les frénésies révoltantes de la rage et de l'anthropophagie qui s'assouvissent sur des cadavres, ont des noms; il fallut en inventer de nouveaux. Le dictionnaire du comité révolutionnaire de Nantes n'avoit pas été prévu; il auroit effrayé Satan.

Ceci seroit trop cruel à raconter. On devinera, si on peut le deviner, ce que je n'ai pas la force d'écrire, ce que c'étoit qu'un *mariage républicain*, ce que c'étoit que la *noyade* exécutée au moyen du *bateau à soupape*, supplice encore inconnu que la pudeur badine du comité déguisoit sous le nom de *baignade* par un barbare euphémisme, et que cet abominable Carrier appeloit en plaisantant la *déportation verticale* : figure un peu forte, selon moi, pour la portée de son esprit, mais bien digne de l'infernal instinct qui lui tenoit lieu d'âme. C'étoit le cas de dire en changeant quelque chose à la fameuse saillie de Cicéron : *Habemus facetum carnificem.*

Tous les crimes étoient démontrés jusqu'à l'évidence. Ils étoient tous avoués. Il est difficile en effet d'assassiner à la pleine clarté du soleil dix ou douze mille personnes (le nombre juste est resté indécis), de les faire mourir mille fois dans des tortures pires que la mort, sans autre formalité que celle du supplice, et de ne pas laisser quelques traces de ces exécutions sanglantes. A défaut des hommes, les flots de la Loire auroient parlé. Il n'y avoit point de batelier qui n'eût touché de sa rame des corps inanimés, point de pêcheur qui n'eût ramené des membres mutilés dans ses filets. Le système tout entier de la défense reposoit donc sur des récriminations véhémentes qui n'avoient pour objet que de déplacer celui de l'accusation ; les acteurs immédiats de la tragédie se prenoient au comité révolutionnaire qui se prenoit à Carrier par la voix de Réal. Carrier se prenoit à la convention nationale qui se prenoit au comité de salut public par la voix de Lecointre ; le comité de salut public se prenoit à la volonté souveraine du peuple, et tel étoit en réalité le cercle épouvantable où avoit roulé l'histoire de cette démocratie regrettée, qu'on ose nous présenter encore aujourd'hui comme un objet d'espérance et comme un gouvernement de progrès, tant les vieilles sociétés sont pressées de finir d'elles-mêmes !

La convention jugea convenable de rompre dans ses mains cette chaîne de pourvois menaçants, et la nécessité de son propre salut la rendit unanime une fois pour la proscription d'un complice. Cinq cents votants proférèrent cinq cents votes d'accusation sur lesquels deux seulement furent mitigés par des réticences légères, celui de Bourbotte et celui de Bernard de Saintes. Collot d'Herbois, Barrère et Billaud-Varennes, qui avoient si long-temps fermé les yeux sur les attentats de leur émissaire, qui les avoient ordonnés peut-être, n'usèrent pas envers lui d'une indulgence qu'ils étoient à la veille de réclamer pour eux-mêmes ; ils l'envoyèrent au châtiment avec la même impassibilité qu'ils l'avoient envoyé au crime. Quant à ceux-ci, Carrier n'avoit point de récusation valable à exercer contre eux. Il étoit jugé par ses pairs.

En faisant descendre l'instigateur du comité révolutionnaire de la chaise curule à la sellette, Réal venoit d'opérer une révolution radicale dans la position de ses clients. Il falloit toutefois savoir profiter de ce triomphe, car assez de délits individuels et spontanés restoient accumulés sur la tête de chacun d'eux pour appeler les vengeances de la justice. Nous allons le retrouver ; mais jetons auparavant un coup d'œil sur le spectacle que présentoit alors la salle des séances du tribunal révolutionnaire.

Tout le monde sait dans quelle classe de la société se recrutoient les comités révolutionnaires. Ce n'étoit certainement pas dans celle des ouvriers probes, laborieux et capables, qui se recommandent à l'estime publique par leur aptitude et par leur conduite. Les révolutions modernes qui se disent toujours faites au bénéfice des capacités, n'aboutissent jamais en résultat définitif qu'à faire passer le pouvoir dans les mains de la médiocrité immorale, intrigante et factieuse. Quelques anciens propriétaires, appauvris par le vice et dépouillés par l'usure ; un plus grand nombre de jeunes gens livrés à tous les excès qui abrutissent l'âme, dégradés de leur adolescence par des passions grossières, stimulés par l'ardente soif de ces sensations nouvelles qui ne se trouvent que dans les excès, et qui ne s'achètent qu'à force d'or ; une multitude innombrable enfin de prolétaires lâches, paresseux et dépravés, sans goût comme sans intelligence pour le travail, et qui aimoient mieux tremper leur pain dans une mare de sang que de l'arroser de quelques sueurs : voilà ce qui composoit en général le personnel de cette dictature à vingt mille têtes, sous laquelle la France au pillage haletoit de douleur comme une ville prise d'assaut ; voilà ce qui composoit en particulier le personnel du comité révolutionnaire de Nantes, un triage odieux des plus violents et des plus pervers dans le plus vil rebut d'une population. Il falloit vaincre un mouvement d'épouvante pour les regarder. Pour arrêter quelque temps ses regards sur eux, il falloit vaincre un mouvement de dégoût.

Quatre ou cinq accusés tout au plus se distinguoient cependant du reste par des formes presque humaines. Carrier étoit procureur, et frotté, par conséquent, de quelques idées de l'administration et des lois. On pouvoit juger, à la plupart des dépositions, que son langage habituel avoit été jusque-là aussi infâme que ses mœurs ; mais il sembloit prendre à tâche, et non sans des efforts quelquefois sensibles, d'éviter devant le tribunal cette phraséologie de corps-de-garde et de mauvais lieu, pour étaler à la place de méchants lambeaux d'histoire romaine, et des bribes oratoires d'assez mauvais goût, volées au *Journal de la Montagne* et à la tribune des Jacobins. Le notaire Bachelier affectoit des manières posées, des réponses courtes, pleines de gravité et de mesure, des inflexions douces et pénétrantes, et il se retranchoit contre la responsabilité de ses actes, derrière sa réputation vraie ou fausse de tolérance et d'humanité. Chaux exhaloit la fougue de son caractère en improvisations véhémentes qui blessoient rarement les règles de la correction, et qui s'élevoient de temps en temps à une espèce d'éloquence. Goulin, le principal meneur, la cheville ouvrière du comité, ne manquoit pas d'une certaine puissance de facultés ou d'organisation. Il exprimoit le plus souvent avec une netteté froide des idées qu'il savoit enchaîner avec logique et présenter avec habileté, quoiqu'elles ne produisissent pas toujours l'effet qu'il en avoit attendu. C'est ainsi qu'il essaya inutilement de justifier les massacres de Nantes par les massacres de Paris, et de s'envelopper avec ses complices du manteau d'impunité qui couvroit les *septembriseurs*.

L'auditoire ne répondit à son apostrophe imprudente que par une longue rumeur d'indignation. Les *septembriseurs* n'y étoient plus, ou bien ils avoient déjà changé d'opinion dans l'espérance assez fondée de frapper incessamment d'autres victimes.

Le plaidoyer de Carrier, fort important comme document historique, puisqu'il prouve jusqu'à l'évidence que les horreurs commises dans la Vendée étoient le fait des comités de gouvernement, ne fut d'ailleurs que le plus pitoyable des lieux-communs oratoires. Il y répète sa phrase banale des *lauriers changés en cyprès*, qui traînoit depuis trois mois dans les clubs et dans les gazettes; il y parle en grande pompe de ses combats et de ses victoires, quoique l'instruction eût démontré qu'il n'avoit paru sur le champ de bataille que pour fuir, et donner à l'armée l'exemple honteux d'une déroute panique, sur un cheval qu'il n'avoit pas pris le temps de brider. Il se compare au jeune Horace qui assassina sa sœur;

il compare les prêtres au cardinal de Lorraine qui bénit l'arquebuse de Charles IX et les poignards de la Saint-Barthélemy, sans penser que cette érudition grotesque ne repose que sur des fictions de comédie, et qu'elle se feroit siffler des enfants dans les basses classes du collége. En un mot, ce discours auroit été à faire rire s'il n'avoit pas fait frissonner ; mais Carrier s'étoit précautionné contre la critique. L'indignation le sauvoit du ridicule.

L'orateur de la journée, ce fut Réal, et sa tâche n'étoit pas aisée. Il défendoit Goulin. Bien convaincu qu'il essaieroit inutilement d'atténuer des faits dont une grande ville tout entière avoit porté témoignage, il s'étendit habilement sur les crimes non moins exécrables qui les avoient provoqués ; il déplora cette fatalité irrésistible des guerres civiles qui excite les âmes les plus étrangères aux excès à enchérir sur les forfaits d'un ennemi en ne croyant que les punir ; il rappela les époques trop multipliées de l'histoire où de pareilles fureurs avoient été lavées par l'amnistie, et, chose bien plus étrange, honorées par des récompenses publiques ou sanctifiées par des religions ; il s'arrêta enfin au moyen capital que la convention nationale venoit d'admettre en accusant Carrier, et il tira de cette déclaration solennelle la preuve que les massacres exécutés par ses clients n'avoient jamais été que des actes d'obéissance passive. Quelle indépendance, quelle spontanéité pouvoient rester aux fonctionnaires du peuple, sous l'omnipotence d'un tyran altéré de sang qui n'apparoissoit parmi eux que dans les accès de la rage, le sabre nu à la main, la menace et le blasphème à la bouche, les traits renversés par la colère et demandant des victimes ? Il falloit mourir peut-être plutôt que de se soumettre, et laisser l'accomplissement d'un affreux devoir à d'autres assassins qui se seroient présentés en foule. Il n'y avoit pas un égout de Nantes qui n'en eût vomi. Mais ce qu'on exige de ces infortunés sans éducation, sans principes, sans noblesse d'âme, continuoit Réal, c'est la plus haute des vertus de l'homme en société, c'est cette abnégation sublime de la vie qui est la dernière épreuve du courage civil, et dont la suite des siècles offre à peine quelques exemples, en partie relégués au rang des fables. Est-il cependant un code chez les nations qui punisse de mort l'absence, le défaut d'héroïsme? En est-il un qui punisse de mort l'assassinat involontaire qu'une main, captivée par la violence, a commis innocemment? Le bras que l'on force à frapper n'est pas plus criminel que le couteau. En est-il un qui assimile à l'assassinat l'homicide froidement exécuté devant le peuple par l'impassible agent de la justice? Non, sans doute. La loi a pris soin de le qualifier elle-même d'homicide légal. L'homicide peut donc être légal, et quelle légalité que celle des volontés inflexibles de Carrier, qui étoit placé, selon l'opinion générale, par les propres termes de son mandat, au-dessus de toutes les juridictions et de toutes les lois?

Cet argument fut développé avec plus d'adresse et de talent, car j'ai senti en écrivant que l'expression n'étoit pas toujours fidèle à ma mémoire altérée aujourd'hui par de cruelles souffrances. Il étoit d'ailleurs ingénieux en ce point qu'il sembloit satisfaire à toutes les convenances de la cause. On ne pouvoit réellement invoquer avec pudeur, en faveur des membres du comité révolutionnaire de Nantes, que l'inviolabilité du bourreau.

Réal n'avoit pas renoncé toutefois à l'espérance de ramener quelque intérêt sur les accusés. S'il s'étoit cru obligé pour leur salut à les dégrader du rang de l'homme, il sentoit pourtant qu'il n'auroit pas fait assez pour leur concilier l'indulgence et la pitié, s'il ne parvenoit à les distinguer des tigres par quelques facultés morales et quelques émotions généreuses. Goulin avoit été le secrétaire de ce malheureux Phélippeaux, qui fit entendre le premier d'inutiles paroles de tolérance aux ravageurs de nos provinces, et qui paya son dévouement de sa vie. Cette circonstance lui fournit un épisode de sentiment et d'action auquel il n'y a presque rien à comparer dans les plus beaux mouvements de la parole : « J'avois pensé, dit-il,
» à faire comparoître ici en témoignage la veuve
» de Phélippeaux ; mais le respectueux attendrissement que m'inspire son infortune m'a
» détourné de ce projet. Non, citoyens ! Goulin, dût sa propre existence en dépendre,
» n'a pas voulu forcer la veuve de Phélippeaux
» à contempler ces funestes gradins où tout

» réveille le souvenir d'un affreux sacrifice!
» N'est-ce pas là, en effet, qu'étoit assis Dan-
» ton, l'Hercule de la liberté? Là, Camille
» Desmoulins, cet ingénieux La Fontaine de
» la révolution, qui en auroit été le Tacite?
» Et là, le Fénelon, le Las Casas de la Ven-
» dée, le vertueux Phélippeaux? Rassure-toi,
» Goulin, tu n'entendras pas les gémissements,
» tu ne verras pas les pleurs de sa femme!
» Rappelle-toi plutôt ces jours glorieux où tu
» le suivois au combat, pour y acheter la
» paix par la victoire! Une fois, s'il t'en sou-
» vient, comme vous vous entreteniez sur le
» pont de Cé des moyens de rendre le repos
» et le bonheur à ces belles contrées désolées
» par la guerre, les brigands embusqués der-
» rière les roseaux et les arbres du rivage vous
» assaillirent d'une décharge de mousqueterie.
» Vous répondîtes à cette lâche agression en
» chantant l'hymne des Marseillois. O Goulin!
» quand tu passeras sur le pont de Cé, n'ou-
» blie pas de chanter à la mémoire de Phélip-
» peaux l'hymne de la reconnoissance et de
» l'amitié. » Je ne me rappelle pas le nom de
cette figure de rhétorique par laquelle l'ora-

teur semble anticiper sur le résultat infaillible de son discours, en le transportant par une prévision hardie au nombre des événements accomplis, et je ne l'ai probablement jamais su; mais j'aurois bien de la peine à croire qu'elle eût jamais été amenée avec plus d'art et employée avec plus de goût. On sent, à n'en pas douter, que le succès devoit y répondre.

Entre autres artifices oratoires que j'aurois pu signaler dans ce beau plaidoyer, j'en citerai un qui ne me paroît pas moins bien conçu, et qui est encore plus dramatique; j'ai dit que Réal avoit cherché à dissiper les préventions trop légitimes qui naissoient de l'accusation, en ramenant l'esprit des auditeurs sur des idées douces et des sentiments naturels. Goulin, le cruel Goulin n'étoit pas encore assez éloigné de la jeunesse, pour que personne ne se souvînt d'avoir vu éclater en lui quelques dispositions vertueuses et quelques affections touchantes. Il s'empare de tous les détails de ce genre qu'il a pu recueillir et qui servent à son dessein, il les développe, il les interprète, il les amplifie sans doute, il les invente peut-être; mais l'illusion qu'il a voulu produire ne trahit pas ses espérances, elle gagne les spectateurs, les juges, les prévenus eux-mêmes qui s'étonnent de pleurer. Ému de l'émotion qu'il excite, il y cède à son tour, et, d'une voix entrecoupée, il peut à peine articuler ces paroles : « Sa tête fut exaltée, son zèle aveugle, » ses actions insensées et farouches, mais son » cœur étoit pur! Je jure que Goulin est un » homme de bien! » Au même instant, un des accusés se lève hors de lui-même, c'est Gallon, contre qui les débats n'ont fourni aucune charge, et dont le désistement du ministère public a déjà proclamé l'innocence. Il fond en larmes, il tremble, il balbutie, il s'écrie en sanglotant : « Goulin est un homme de bien! » c'est mon ami, c'est un honnête homme, » c'est mon ami! Je le connois depuis neuf » ans; il a élevé mes enfants : c'est un honnête » homme. c'est mon ami! Tuez-moi, mais ne » le tuez pas! Sauvez, sauvez Goulin! » L'attendrissement est universel et s'étend jusqu'au banc des jurés. Ou en voit quelques-uns frémir et se détourner pour essuyer leurs yeux. « Ci- » toyens, reprend Réal avec l'accent de la con- » viction, sont-ce là des hommes de sang? »

Si l'on a égard à la mauvaise nature des hommes qui furent mis en œuvre dans cette scène, on n'y verra, selon toute apparence, qu'une adroite combinaison théâtrale; mais il faut convenir, quoi qu'il en soit, que l'avocat y fut merveilleusement servi par le poëte. C'est la machine qui opéra le dénouement.

L'absolution des membres du comité révolutionnaire de Nantes parut dès-lors aussi assurée que la condamnation de Carrier. Leur sécurité devint si complète, qu'ils firent ordonner les apprêts d'un superbe festin chez le premier restaurateur de Paris, pendant que les jurés étoient encore aux opinions. Deux places y restèrent vides. Avec Carrier, le tribunal avoit envoyé au supplice Pinard et Grandmaison, dont les efforts de la défense n'étoient pas parvenus à atténuer les crimes. Grandmaison étoit convaincu d'avoir présidé à toutes les noyades, et on avoit vu ce monstre faire voler à coups de sabre les mains palpitantes que de malheureuses femmes, que de pauvres enfants élevoient vers lui à travers les planches mal unies du pont, au moment d'être submergés. C'étoit aussi sur les femmes, sur les enfants, sur les vieillards chargés d'années et d'infirmités que s'exerçoient les lâches fureurs de Pinard. Celui-là, mûr à vingt-six ans pour des attentats qui font frémir la nature, marchoit à la suite de l'armée républicaine, comme l'ange de la mort, avec lequel sa laideur robuste, la férocité de ses traits et la couleur basanée de sa peau, sous laquelle couloit un sang africain, lui donnoient quelque fantastique ressemblance. Aussitôt qu'un village, presque désert, qui venoit d'être un champ de bataille, restoit derrière le vainqueur, on entendoit hurler Pinard qui s'avançoit à demi nu, et brandissant un sabre déjà sanglant, parmi des monceaux de cadavres, pour épier quelque reste de vie sur des fronts pâles et dans des yeux éteints, et pour égorger les blessés. Il pénétroit ensuite dans les maisons, massacroit le malade à son lit d'agonie, l'orphelin dans son berceau, la jeune mère sur son enfant, et s'emparoit froidement de tout ce qui pouvoit tenter sa cupidité dans leurs dépouilles, car c'étoit son héritage. Un instant après, l'incendie se déclaroit à la fois sur dix points différents; la flamme couroit de toits en toits avec la violence et le bruit de la tempête, et elle ne cessoit de marquer le passage de Pinard, qui ne laissoit jamais d'autres adieux à ses domaines, que lorsque tout étoit consumé.

Carrier marcha à la mort en proclamant son patriotisme et son innocence. Pinard, qui devoit la subir avant lui, se défit tout à coup, par une secousse brusque et vigoureuse, des deux exécuteurs qui l'accompagnoient; puis courant au proconsul, la tête baissée comme un taureau furieux, il l'en frappa dans la poitrine et le jeta sans connoissance et presque sans vie sur les degrés de l'échafaud. Quelques minutes après, ceux-là étoient devant leurs juges, et les autres s'étourdissoient de leurs remords dans l'ivresse d'une orgie.

Ce qu'il y a de remarquable, c'est que le tribunal ne punit dans ces misérables que des intentions contre-révolutionnaires dont je les tiens pour complétement innocents. S'ils n'avoient été qu'assassins, comme leurs complices, on les auroit acquittés. J'ai montré ce qu'étoient les crimes de ce temps-là. Voilà ce qu'étoit sa justice.

Réal soutint dignement, deux ans après, la renommée que cette cause lui avoit acquise, dans une affaire non moins célèbre, celle du fameux tribun Gracchus Babeuf, jugée à Vendôme par la haute-cour nationale. Il y parut, comme à la première, véhément dans l'attaque, adroit dans la défense, heureux à démêler les parties foibles de l'accusation, heureux à déduire de chaque fait des explications, quelquefois un peu forcées, mais auxquelles il savoit prêter une rare vraisemblance; pénétré d'une conviction ardente, qui n'excluoit pas la mesure et qui devenoit facilement sympathique à force d'être naturelle; aussi fertile en expédients ingénieux et en effets préparés d'avance qu'habile à en cacher l'artifice; en un mot, spirituel et prudent jusque dans l'abandon, entraînant et passionné jusque dans le raisonnement, et sûr de se faire écouter avec faveur, même quand il établissoit un principe qui ne pouvoit être admis par personne. Cette procédure lui fut cependant moins avantageuse que l'autre, parce qu'il y agissoit sur une matière moins malléable et moins docile, et qu'il n'avoit pas pu imposer à ses clients le système indispensable dans lequel il devoit se renfermer pour leur salut. De ces deux hommes de fer qui représentoit la conspiration, Babeuf et Darthé, le premier s'obstinoit à noyer ses théories fanatiques dans une phraséologie fastidieuse et confuse qui n'inspiroit que l'ennui et le dégoût; le second, qui n'avoit rien à gagner à la controverse, parce que sa vie passée portoit de cruels témoignages contre lui, s'étoit, en quelque sorte, placé hors des débats, en affectant, sur les questions qui le touchoient de plus près, une taciturnité insouciante et brutale. Entre ce déclamateur d'inutilités prolixes, qui lisoit pendant cinq heures sans reprendre haleine, car il ne savoit heureusement pas parler, et ce muet volontaire, qui s'étoit retranché dans quelques monosyllabes maussades, ou par crainte de compromettre sa tête, ou par dédain de la défendre, on conçoit que Réal ait été assez occupé à réprimer l'intempérance verbeuse de l'un, et à stimuler la paresse inconvenante et systématique de l'autre. Cette difficulté de position nuisit nécessairement à l'élan d'un orateur qui avoit besoin de s'identifier étroitement avec sa cause pour se communiquer et pour se répandre, et c'est à cela sans doute qu'il faut attribuer le mauvais succès de ses efforts.

Au reste, les débats de ce procès ont été imprimés si amplement et sous une forme si bien appropriée à l'intarissable battologie du principal accusé, que je craindrois de tomber aux yeux de mes lecteurs dans des redites aussi vicieuses que les siennes, en me traînant servilement sur les détails d'une analyse. Il a même fallu, pour me décider à revenir sur l'aspect le plus extérieur de cet épisode de notre histoire, et à redemander à ma mémoire quelques-uns des traits qui en caractérisent le mieux l'étrange physionomie, que j'y fusse en quelque manière forcé par le désir de changer d'émotions en changeant de tableau. Les scènes sanglantes de la Vendée ne me suivront du moins pas ici. Nous allons passer de l'exécrable pratique des assassins à d'exécrables théories de sophistes, qui ne se sont pas, grâce au Ciel, développées dans des actes, et qui laisseront aux races futures plus de pitié que d'horreur. Ce que les égorgeurs de la patrie ont exécuté en 1793, Babeuf et ses affidés le rêvoient peut-être pour l'avenir; mais ce crime de leur pensée n'a pas été servi comme l'autre par les éléments et par les bourreaux. Il n'a fait couler que de l'encre, et, chez un peuple raisonnable et humain, des douches auroient suffi à le laver. C'étoit trop peu à cette époque, où les sensations poignantes de la révolution avoient blasé toutes les âmes ; où la France, nouvellement émancipée de ses tyrans, s'étoit apprivoisée avec leurs jouets odieux, en s'accoutumant à les regarder sans terreur ; et où toute comédie politique paroissoit insipide quand le dénouement n'étoit pas sanglant. La perfectibilité, qui marche si vite, nous épargnera probablement un jour ces énormes aberrations. Il faut seulement qu'elle nous donne auparavant deux choses qui nous manquent depuis long-temps, et sans lesquelles la société n'est qu'un coupe-gorge à la merci du plus fort et du plus pervers, des institutions et des mœurs : quand nous en serons là, il fera beau s'occuper d'utopies ; il n'y aura plus de danger.

Les gradins de l'accusation présentoient donc

à Vendôme un spectacle infiniment moins repoussant que celui qui avoit tourmenté les yeux et la pensée dans la procédure du comité révolutionnaire de Nantes. Le corps du délit étoit un songe effrayant, il est vrai, mais qui s'étoit évanoui sans laisser de traces au réveil de la publicité. La plupart des accusés n'étoient pas même escortés sur les fatales banquettes par ces souvenirs qui aggravent, de l'habitude constatée des crimes accomplis, l'intention d'un crime avorté. Babeuf lui-même n'avoit pris aucune part aux excès du régime révolutionnaire. Il avoit été haï de Robespierre; il avoit dénoncé Carrier.

On devine assez ce que je pense de Babeuf sous le rapport politique, et le sentiment qu'il peut m'inspirer dans son rôle extravagant d'homme d'état et de législateur; mais on me feroit tort de supposer que je suis déterminé dans ce jugement par quelque préoccupation de parti. Je suis, s'il plaît à Dieu, assez avancé en expérience et en raison pour comprendre toutes les folies d'opinion dans le même mépris, et toutes les fureurs d'opinion dans la même antipathie. Depuis que je vois s'élever

sous vingt bannières différentes des hommes
à principes absolus qui veulent régler le monde
à leur gré, sans égard à l'état encore indéfinissable où les révolutions nous ont mis, et
des hommes à *formes violentes* qui se flattent,
dans leurs rêveries cruelles, de le gouverner
par la terreur, j'ai eu le temps de prendre
ceux-ci en haine et ceux-là en pitié. La devise
de l'écu et la couleur du drapeau sont, de
leurs entreprises ou niaises ou féroces, la
chose qui m'occupe le moins.

A considérer en lui l'homme littéraire, j'ai
déjà fait pressentir que Babeuf ne méritoit
guère plus d'intérêt. La surabondance inextricable de ses idées sans méthode et sans netteté,
ou plutôt des lubies vagues et confuses qui
lui en tenoient lieu, le rendoit tout-à-fait incapable d'improviser une phrase bien faite Il
avoit certainement plus de facilité comme
écrivain ; mais cette facilité déplorable n'est
qu'un vice de plus dans les gens qui écrivent
mal. Ses nombreux écrits enchérissent encore
sur tous ceux des tribuns de son espèce, et il
n'en manquoit pas alors, par une verbosité
incorrecte et rebutante qui ne laisse ni vivacité

à la pensée, ni prise à l'attention. Incapable de soumettre ses hallucinations vagabondes aux règles de la plus simple logique, il perd à tout moment de vue la question qu'il s'est proposé de traiter, pour s'égarer dans des digressions inutiles, et il ne sort de celles-ci que pour tomber dans des digressions nouvelles qui l'éloignent de plus en plus de son sujet, jusqu'à ce qu'il l'ait totalement oublié. Cette absence complète de méthode et de raisonnement, qui est le plus sûr *criterium* auquel on puisse reconnoître un fou, ne prouve pas, comme on sait, le défaut d'imagination, et l'imagination étoit en effet la faculté dominante de Babeuf; mais elle ne s'étoit développée dans son intelligence imparfaite et malade qu'au préjudice du jugement.

La moralité de Babeuf n'auroit pas été non plus exempte de reproches, si l'on pouvoit s'en rapporter au témoignage des biographies contemporaines, et la défense avoit peu de parti à tirer de ses *antécédents*, s'il est permis de parler leur langage. Mais on sait ce que valent ces imputations quand elles sont proférées sur la fosse d'un malheureux que l'opinion et la loi ont frappé. La calomnie ne risque rien d'être inexorable quand elle marche à la suite du bourreau; et il est aussi prudent que généreux de lui renvoyer la plupart des diffamations qui poursuivent jusque dans le tombeau les victimes de nos troubles civils. Aucun nuage ne s'éleva pendant le cours des débats sur la probité de Babeuf, et cette circonstance est d'autant plus remarquable dans sa vie, que jamais la pauvreté n'a mis les principes d'un père de famille à de plus rudes épreuves. Ce qui le distingua, même entre les autres accusés, qui réunissoient presque tous les mêmes qualités à un degré fort éminent, ce fut une expansion ardente et passionnée, une sincérité capable d'aller jusqu'à l'abnégation, et qui se faisoit conscience du moindre détour; la fermeté inflexible de volonté qui fait les grands hommes, et la résignation à la mort qui fait les héros et les martyrs. S'il n'étoit pas possible de se défendre de l'impatience et de l'ennui au débit disgracieux de son interminable verbiage, l'énergie de sentiment et la puissance d'âme qui éclatoient de temps en temps au milieu de ces divagations accablantes, éveillèrent plus d'une fois l'admiration, et il est probable qu'il seroit parvenu sans peine à maîtriser son auditoire dans de pareils moments, s'il avoit su ménager ces ressources avec une sage économie dont la nature ne lui avoit pas donné le secret. Quant au délit qu'il s'agissoit de prouver, et surtout de punir, c'étoit, je le répète, un de ces crimes qui ne sont justiciables en bonne police que de la médecine philosophique, le cauchemar d'un républicain atrabilaire, la monomanie d'un sophiste. Babeuf étoit un publiciste insensé dont il falloit briser la plume, un énergumène inquiétant dont il falloit réprimer le fougueux apostolat, un homme à enfermer entre quatre murailles avec les égards et les soins que l'humanité prescrit toujours : ce n'étoit point un homme à égorger.

Darthé ne paroissoit avoir pris à cette conspiration ébauchée qui se résumoit en pamphlets et en affiches, qu'une part assez passive; mais il étoit le beau-frère du cannibale Joseph Lebon, il avoit été le secrétaire de ses commandements homicides, le meneur de son épouvantable tribunal, l'assassin d'une province, et tout manifestoit dans ses traits altérés par des veilles sanguinaires, dans sa physionomie de bête fauve, dans son silence brutal et obstiné, quelque chose de la réprobation de Caïn. Ce n'étoit pas pour les forfaits qui avoient plongé Arras dans le deuil et dans la désolation qu'il étoit mis en jugement, mais c'est sur eux qu'il fut jugé. Le présent le compromettoit à peine ; le passé le condamna, car le passé est implacable pour les méchants. Quoi qu'il arrive, il ne perd jamais ses droits sur eux.

Ici, contre l'ordinaire, l'intérêt le plus sympathique ne s'attachoit pas dans l'auditoire aux principaux accusés. Il s'étoit pris au-dessous d'eux à des hommes plus imposants par le talent ou plus recommandables par leur caractère. Germain n'étoit qu'un officier obscur nourri dans les conciliabules des jacobins, d'opinions exaltées et d'espérances ambitieuses. La première impression produite par son ton farouche et hautain, par ses bruyants emportements, par ses accès de colère convulsive, et surtout par cette espèce de laideur morale plus facile à comprendre qu'à exprimer, et qui résulte plutôt de l'ensemble que des détails dans la figure de l'homme, ne lui avoit été nullement favorable; mais il en étoit autrement quand il sortoit de cet état d'irritation passagère pour aborder à tête reposée une question sérieuse. On étoit étonné de lui trouver alors une logique nerveuse et serrée qui n'avoit plus rien de l'allure désordonnée des passions, et qui n'admettoit dans une méthode facile de raisonnements bien enchaînés qu'autant de mouvement et de chaleur qu'il en faut pour donner de l'autorité à la parole. Ses idées qui se pressoient sans se confondre, s'énonçoient toujours avec clarté, quelquefois avec éclat. Les preuves sembloient naître à son gré pour fortifier les propositions; les conséquences jaillissoient si vivement des faits, les inductions se formuloient si naturellement dans l'esprit des assistants, qu'à l'instant où elles leur étoient offertes, il n'y avoit personne qui ne crût les avoir prévues. Des allusions spirituelles qui n'étoient jamais forcées, des citations savantes qui n'étoient jamais pédantesques, des figures vives et singulières, mais amenées avec tant de goût qu'elles frappoient

sans étonner ; des mots de l'âme qui n'annonçoient aucun apprêt, et qui n'auroient été que simples s'ils n'avoient pas été sublimes ; tous les ornements dont l'art des rhéteurs enseigne inutilement l'usage, et que le génie seul sait employer sans étude, relevoient encore, comme une riche broderie, ces magnifiques improvisations, et Germain en fit entendre dix dans le cours de la procédure. Germain étoit éloquent, le plus éloquent peut-être, après le colonel Oudet, de tous les orateurs de son époque. Je ne citerai de lui, non comme un des morceaux remarquables de son plaidoyer, mais comme le plus court et le plus propre à être isolé sans perdre beaucoup de son énergie, que cette apostrophe au délateur Grizel, qui s'étoit flatté devant le tribunal d'avoir mérité la couronne civique par sa dénonciation :
« Non, Georges Grizel, tu n'auras pas la cou-
» ronne civique! Non, Georges Grizel, tu n'au-
» ras pas la couronne d'épines ! Ces couronnes
» appartiennent aux victimes ! La couronne
» qui t'est réservée à toi, c'est la couronne de
» houx, celle qu'on mettoit à Rome sur la
» tête des esclaves pour les vendre quelques

» deniers de plus. » — J'y ajouterai seulement ces dernières paroles de sa péroraison qui n'occuperont pas plus de place : « Au reste, » qu'ai-je à craindre? Tout mon sang n'est-il » pas à la liberté? et qu'importe le jour où » j'en verserois la dernière goutte pour elle? » J'ai choisi cette destinée pour la liberté. Pour » la liberté, je l'accepte! Vivant, elle n'auroit » pas eu de plus ardent défenseur; mort, elle » n'aura pas eu de victime plus dévouée. »

Il étoit impossible de mieux louer Réal qu'on ne l'a fait, en lui attribuant la harangue de Germain. Malgré mon admiration souvent exprimée dans ces pages pour le beau talent de Réal, je ne saurois admettre cette supposition; elle ne seroit fondée en vraisemblance qu'autant que Germain, étranger aux débats, auroit attendu l'heure de la plaidoirie pour étaler son éloquence d'emprunt, et c'est ce qui n'est point arrivé. Les débats lui ont souvent fourni, au contraire, l'occasion de se livrer aux mêmes élans et de développer les mêmes facultés d'une manière tout-à-fait extemporanée, puisque c'étoit dans des circonstances tout-à-fait imprévues. Or, aucune de ces ripostes soudaines dont Réal n'avoit pu pressentir la nécessité, n'est restée, en verve et en habileté oratoire, au-dessous des meilleures parties de son dernier discours. Qui a improvisé les unes étoit très-capable de composer et d'écrire l'autre. Il faudroit expliquer d'ailleurs comment on s'approprie l'ouvrage, les pensées, les intentions d'un homme éloquent, comment on s'identifie avec lui jusque dans les moindres nuances par l'éloquence du regard, du geste, de l'inflexion, et comment on parvient ainsi, sans être éloquent soi-même, à faire illusion à ceux qui regardent et qui écoutent. Ce genre de puissance auquel je ne crois pas, ne me paroîtroit inférieur en rien à celui de l'écrivain. Si c'est en effet Réal qui a composé le discours de Germain, il y avoit ce jour-là plus d'un grand orateur à la barre de la haute-cour. Il y en avoit certainement deux.

Buonarotti, révolutionnaire décidé, mais grave, modeste et doux au-delà de tout ce qu'il est possible d'attendre d'un homme de son opinion, attiroit l'attention à plus d'un titre. Ce républicain, expatrié comme Thrasibule, descendoit de Michel-Ange, et ses traits impassibles, où se confondoit cependant l'expression de la bienveillance avec celle de la fierté, rappeloient les dieux de son pays. Une jeune femme l'avoit accompagné dans sa proscription, assisté dans sa misère. On l'avoit vue constamment attentive aux dépositions des témoins, aux impressions des jurés, ou épiant dans les regards de son mari, qui la regardoit souvent, des motifs de consolation et d'espérance. Elle intéressoit beaucoup, car elle étoit belle et elle pleuroit.

Antonelle, fanatique de théories, que détrompa plus tard l'expérience, et qui est mort royaliste, en déclarant que sans les Bourbons il ne pouvoit plus y avoir en France de liberté civile et politique, montroit là, devant l'échafaud de Sidney, le flegme dont il avoit fait preuve le 13 vendémiaire, en se promenant, un livre à la main, sur la terrasse des Tuileries, à travers une grêle de balles. Son calme aisé et noble, empreint de toute la dignité d'un gentilhomme que des circonstances fortuites ont jeté dans la mauvaise compagnie, imposa suivant l'usage une sorte de respect qui gagna jusqu'au ministre immédiat de l'accusation. Il parla peu, rarement, d'une manière posée et presque insouciante, et sa sécurité fut à demi justifiée par le résultat.

La réputation d'Antonelle étoit cependant solidaire de quelques attentats qui commençoient à être appréciés. Celle d'Amar étoit encore plus difficile à défendre. L'ami, le complice avoué de Collot d'Herbois, de Billaud, de Vadier, le terrible Amar, qui avoit poussé les Girondins à la mort, qui y avoit traîné Fabre d'Églantine et Camille; Amar, dont tant de voix vengeresses demandoient naguère la tête, se présenta aux yeux du tribunal sous des formes si singulières et si nouvelles, qu'elles purent un moment rendre son identité douteuse. Amar, si redouté dans les comités, si tyrannique à la tribune; Amar, le lion de la Montagne, n'étoit plus qu'un homme du monde aux manières élégantes et polies, recherché dans ses habits, dans son attitude et dans ses paroles, qui s'exprimoit avec une délicatesse étudiée, modéroit sa voix pour la rendre plus insinuante, et ne s'adressoit jamais aux jurés, en général ou en particulier, sans se ménager leur indulgence par d'humblés et flatteuses précautions. Il n'avoit figuré que d'une manière fort accessoire dans la conspiration vraie ou fausse de l'infortuné Babeuf, et la vindicte judiciaire ne crut devoir lui reprocher pour tout délit qu'un léger défaut de prudence dans ses relations et dans ses démarches. Quoi qu'il en soit, il n'en manqua pas dans son procès.

Quelques autres personnages qui étoient arrivés aux débats avec une certaine importance, la perdirent long-temps avant qu'ils fussent clos. *Le reste ne vaut pas l'honneur d'être nommé;* cette cohue de comparses politiques, extraits des plus mauvais lieux de Paris, ne se distingua que par une turbulence effrénée, des vociférations furieuses et des excès scandaleux qui firent plus d'une fois de la salle des séances un vil tripot d'émeutiers. La retraite seule des juges ramenoit alors une apparence d'ordre, sans ramener le silence. Une grande fille, d'une jeunesse passablement mûre, et d'une figure assez maussade que sa rouge chevelure n'encadroit pas avantageusement, pauvre créature qu'on appeloit Sophie Lapierre, et qui s'étoit trouvée colloquée au nombre des accusés, je ne sais trop pourquoi, si ce n'est pour chanter, entonnoit tout à coup des chants de la révolution, tantôt grandioses et sublimes, tantôt grossiers et sauvages, que ce peuple d'hommes voués au supplice, peut-être pour le lendemain, répétoient en chœur autour d'elle. Ce concert, plus touchant qu'harmonieux, se prolongeoit jusqu'à la prison où il alloit diminuant d'éclat de chambrée en chambrée, jusqu'à ce qu'il s'évanouît entièrement sous le dernier verrou. Je puis être dans mon tort; mais j'avoue que je n'ai point de sens pour percevoir et pour comprendre l'enthousiasme d'un héros qui s'excite à mourir sur l'air de *la Carmagnole*.

Je ne quitterai pourtant pas ces infortunés sans en nommer encore un dont l'étrange folie peut donner lieu du moins à des réflexions utiles : c'étoit un certain Pillé, qui croyoit fermement aux esprits, et qui attribuoit les progrès de la contre-révolution aux stratagèmes des lutins et des sorciers. Il convenoit avec sincérité que le démon familier de Babeuf l'avoit soumis, et que cet habitant de l'autre monde avoit eu l'adresse de le transporter au cinquième étage du tribun sans lui faire passer la porte ni parcourir les degrés; mais les sortiléges du directoire prévaloient depuis quelque temps, et Pillé s'en apercevoit mieux que personne aux tourments que lui faisoient éprouver toutes les nuits des follets aristocrates déchaînés contre son sommeil. C'est le langage, ce sont les plaintes de Caliban; c'étoit son ignorance aveugle et stupide; et tels étoient en partie ces destructeurs d'autels, qui livroient une guerre à mort au christianisme, qui divinisoient la raison pour se dispenser de reconnoître un Dieu, et qui faisoient dater la France d'une nouvelle ère de lumière et de civilisation!

La nuit du 6 au 7 prairial, 25 mai 1797, vint enfin terminer ce drame judiciaire, qui avoit duré près de cent jours. Il étoit quatre heures et demie du matin; les rayons du soleil, qui s'élevoit depuis quelque temps à l'horizon, faisoient pâlir de plus en plus la clarté de quelques flambeaux qu'on voyoit brûler encore dans les parties les plus reculées de la salle. Les accusés, plus silencieux et plus mornes que de coutume, furent introduits avec les précautions ordinaires; le haut-jury étoit sorti avec une triste solennité de la chambre du conseil, où il avoit passé dix-neuf heures aux opinions. Les juges reprirent leurs siéges; l'audience se remplit. Il y eut alors un moment de calme sombre et taciturne, pendant lequel on auroit distingué le bruit d'un insecte qui vole. Quelques enfants, quelques femmes défaites et échevelées, celle de Buonarotti entre autres, se pressoient à la barre et s'y lioient de leurs mains, mais sans cris, sans plaintes, sans soupirs, presque sans mouvement. Quand le président du tribunal se leva pour prononcer le jugement, d'une voix nette, mais émue, on auroit cru qu'il n'y avoit que lui de vivant dans toute l'enceinte. Ce jugement, on le connoît; le grand nombre étoit rendu à la liberté. Buonarotti, Germain et quelques autres dont l'histoire ne gardera pas le souvenir, étoient condamnés à la déportation, Babeuf et Darthé à la mort. Au moment où cette partie de la sentence fut proférée, une agitation muette se remarqua sur la partie des banquettes où les condamnés étoient assis. Réal y étoit placé sur une banquette intermédiaire, au-dessus de Darthé, qu'il avoit un peu à sa gauche, au-dessous de Babeuf, qui le dominoit, au contraire, à sa droite. Darthé venoit de tomber en arrière, la tête appuyée sur les genoux de son défenseur, qui s'empressoit de le soutenir, pendant que Babeuf tomboit à son tour sur son épaule. Il n'eut pas le temps d'attribuer cette double défaillance à la terreur; le sang qui l'inondoit lui en révéloit le mystère, et dans le même instant, deux poinçons qui en étoient abreuvés rouloient sur les degrés : celui de Babeuf étoit formé d'un de ces ressorts de fil de fer en spirale qui servent à exhausser la chandelle sur sa bobèche à mesure qu'elle se consume, et qu'il étoit parvenu à aiguiser au pavé de son cachot. On enleva les deux moribonds, car leur mauvaise fortune ne voulut pas qu'ils mourussent de leurs blessures. Leur sang n'avoit point tari sous le fer dont ils s'étoient frappés; il leur en restoit pour la guillotine, et ils y furent portés le soir.

Tout le monde sait à quoi s'en tenir maintenant sur ces boucheries légales qu'on appelle œuvres de justice, et qui ne sont chez les peuples en révolution que des œuvres de vengeance. Les opinions dangereuses pour la société ne se répriment point par des supplices ; ce sont les bonnes institutions et les bonnes lois qui en arrêtent les progrès. C'est le bonheur de la société qui les dément et qui les diffâme. La mort juridique n'a jamais prouvé, en théorie politique, non plus qu'en théorie philosophique ou religieuse, que l'absurde cruauté de ceux qui l'infligent. Donnez une saine éducation aux enfants, du travail aux prolétaires, de la liberté à l'industrie, des encouragements au talent, de la considération à la vertu ; réprimez avec vigueur les corrupteurs de la raison et de la morale publique partout où ils se trouvent, dans les journaux, dans les livres, au théâtre, au barreau, à la tribune : il ne s'agit pas pour cela de verser du sang, il s'agit seulement de renverser à propos une écritoire quand il y a du poison dedans. Je ne sais comment ces précautions s'appellent, je ne sais même si elles n'ont pas quelque nom de réprobation chez les nations perfectionnées ; mais je sais, à n'en pas douter, qu'une nation ne se maintiendra jamais sans elles dans un état d'ordre et de repos. Si elles sont impraticables ou périlleuses, renoncez au pouvoir :

il vaut mieux le quitter que de le perdre, et on le perd bien vite quand on néglige les moyens de le conserver ; ce qui est d'ailleurs assez indifférent dans la plupart des gouvernements, c'est-à-dire dans tous ceux où son action n'est pas réglée sur les besoins généraux de l'époque et du pays. Mais, dans tous les cas, n'essayez point de l'affermir par la persécution. C'est la flèche fée des conteurs orientaux qui retourne au cœur de celui qui l'a lancée. Le sang répandu n'est pas bu tout entier par la terre. Il a un reflux imprévu qui remonte jusqu'au trône, le mine et le fait crouler. Voilà près de quarante ans que Babeuf est mort, et son parti est vivant, parce qu'au fond des extravagances mêmes de Babeuf, il y avoit des vérités qu'aucun gouvernement n'a daigné reconnoître, et qui ne mourront jamais. On ne tue pas une vérité comme un homme :

Discite justitiam, moniti; non temnere divos.

N'écoutez pas les courtisans qui demandent la tête des factieux pour faire parade de zèle; n'écoutez pas les factieux dont la véritable ambition est de devenir des courtisans, s'ils ne deviennent des rois, et qui envient par-dessus toutes choses aux courtisans le privilége d'obtenir et de commander l'assassinat. Écoutez la voix de ces sages anciens que la mort a désintéressés de toute spéculation comme de toute espérance; écoutez la voix de la tradition, la voix de l'histoire, la voix expérimentée de tant de siècles qui valoient bien le vôtre, quoi qu'on en dise; écoutez votre conscience et licenciez les bourreaux; vous n'en aurez pas besoin.

Ce que je viens de dire en finissant, c'est ce que j'aurois dit au directoire, si j'avois écrit de son temps, — et le directoire ne m'auroit pas entendu.

———

J'avois l'intention de prouver que les débuts éclatants de M. Réal au barreau révolutionnaire se rattachoient à des épisodes de notre histoire fort dignes d'être conservés, sous deux rapports différents : premièrement, parce que la réalité a peu de chose à envier en ce genre à l'imagination, et que les amateurs de passions extrêmes et de scènes violentes qui cherchent des émotions tragiques dans les romans, trouveront de quoi se satisfaire dans les procès-verbaux ; secondement, parce que l'exemple de tant de fureurs délirantes et de sacrifices stériles que nous avons vus aboutir à la tyrannie du sabre, dans une révolution finie, ne seroit peut-être pas perdu pour tout le monde au commencement d'une révolution nouvelle, si notre malheureuse France étoit condamnée à la subir. L'avenir des peuples deviendra de moins en moins menaçant, quand ils connoîtront le passé.

Si j'avois annoncé, au début de ce long chapitre, une *Notice biographique* sur M. Réal, on m'accuseroit avec raison de m'être inutilement engagé dans des digressions interminables auxquelles mon sujet principal se renoue à peine ; mais j'ai de vieille date accoutumé mes lecteurs à voir mon sujet principal dans mes digressions elles-mêmes. Le titre de *Souvenirs* explique tout. C'est ainsi, en effet, que les souvenirs se présentent à la mémoire, irréguliers, capricieux, divers, sans ordre, sans méthode et presque sans dessein, comme les perceptions du sommeil ; et si les miens avoient eu quelquefois le foible attrait qui captive l'attention, c'est à ce défaut de plan et de combinaison qu'ils en seroient redevables. Je suis du moins convaincu que tout homme qui porte un plan prémédité dans la causerie, ne saura jamais causer, et je n'ai certainement pas la prétention de donner mes histoires pour autre chose que des causeries. Un autre orgueil ne m'est point permis.

Dans l'abandon d'une conversation qui erre d'objets en objets, ou d'un récit qui se développe librement au gré de la fantaisie, le fil imperceptible qui lie les idées a un usage tout opposé à celui du fil d'Ariane. Il sert à égarer agréablement la pensée dans une multitude de routes confuses, et non à lui faire retrouver le point oublié d'où elle est partie. Il faut le rompre et non le suivre pour sortir du labyrinthe.

Il faut le rompre ici, et je ne serois ni mortifié, ni surpris que le plus grand nombre des voyageurs complaisants qui m'ont accompagné au commencement de ces excursions, n'eussent pas attendu si tard à me quitter. C'étoit un parti fort sage.

FOUCHÉ.

Il est bon de prévenir le lecteur, tout en commençant, qu'il se tromperoit fort s'il attendoit ici un fragment d'histoire ou un article complet de biographie contemporaine. Je n'ai ni le temps, ni le droit, ni l'envie de chercher comment l'histoire parlera du duc d'Otrante, quand les passions reposées permettront à l'histoire de parler son véritable langage ; et si je pouvois devoir à une indépendance éprouvée de caractère et de position un privilége dont personne peut-être ne jouit parmi les vivants, il me seroit interdit par la plus sévère des bienséances d'en user à son égard. On en verra la raison tout à l'heure, si on prend assez d'intérêt à quelques pages sans fiel, qui ne promettent ni l'attrait piquant d'une révélation, ni l'attrait plus piquant d'un scandale, pour les lire jusqu'à la fin.

D'un autre côté, on ne se tromperoit guère moins si on craignoit d'y trouver une apologie aujourd'hui fort intempestive, et que je n'ai aucune raison d'écrire. Se défende qui pourra, c'est une affaire à démêler entre la postérité et ceux qui ont la prétention d'y parvenir. Ce que je me propose de coudre ici, et je suis suffisamment autorisé par le titre même du livre, si on veut bien l'entendre dans son acception commune, c'est un lambeau de *conversation*, une causerie que l'on commence où l'on veut, et que l'on quitte quand on s'ennuie, un verbiage vague, incomplet, négligé, trop individuel d'ailleurs, qui a tous les défauts des contes de la veillée, et qui ne sauroit en avoir le charme. J'ai connu le duc d'Otrante; je l'ai beaucoup connu; je l'ai vu de loin sur la scène, de plus près dans la coulisse, de très-près dans la loge où il alloit se déshabiller pour rentrer à la petite pièce au milieu des spectateurs. Quant à moi, je ne figurois, Dieu le sait, ni parmi les acteurs ni parmi les comparses de la grande comédie européenne qui se jouoit alors, et tant s'en falloit qu'au contraire. Je m'étois donné la licence, comme un étourdi que j'étois, de siffler le principal personnage, le Roscius de la troupe, et je m'étois juché pour cela aussi haut que j'avois pu sur ma banquette de collége. Il est évident que j'avois tort. Les applaudisseurs payés, qui avoient raison, me le firent bien voir. On me mit au violon, et c'est de là que je tombai, par un saut merveilleux, dans un des petits coins du théâtre où s'opéroit le dénouement. Ce que je viens de dire là, c'est mon histoire; ce n'est pas celle du duc d'Otrante; mais il est malheureusement impossible de dire ce que je sais de lui sans parler beaucoup de moi, et c'est un inconvénient si maussade que la liberté de la *conversation* peut à peine en sauver le ridicule. Vous voilà cependant bien avertis.

Joseph Fouché naquit à Nantes, le 29 mai 1763, d'un capitaine de navire marchand, et non d'un boulanger, comme l'ont avancé d'infâmes calomniateurs; car il paroît que le plus grand reproche qu'on puisse faire à un homme, c'est d'être fils d'un artisan. Je ne lui en ai du moins pas entendu faire d'autres pendant le premier mois de la seconde restauration. Ce n'étoit pas précisément cela qui avoit irrité contre lui, quelques années auparavant, mon cœur et mes passions de jeune homme. Ce que c'étoit, on le trouvera dans les *biographies*, si les *biographies* ne sont pas menteuses ; et de quoi les *biographies* ne sont-elles pas capables ? Je me suis déjà engagé à laisser ces tristes notions à l'histoire.

Fouché avoit été élevé à l'Oratoire, où mon père conservoit, quand la révolution éclata, la réputation d'un professeur distingué. Le duc d'Otrante n'oublia jamais ni l'Oratoire, ni les vieux amis qu'il s'y étoit faits, et qu'il appeloit ses *carabins*, dans l'argot janséniste de la congrégation. Il est notoire qu'il en restoit toujours deux ou trois autour de lui, et le hasard vouloit qu'ils fussent tous élèves de mon père, quand mon huitième mandat d'arrêt venoit de s'exécuter, après trente mois d'exil et de misère. Il n'y eut qu'une voix pour réclamer le fils proscrit du maître d'Oudet et de Babey ; on me permettra bien de citer une fois le nom de ces hommes vénérables, et c'est le moindre tribut par lequel ma reconnoissance puisse s'acquitter envers leur mémoire. Ma rigoureuse détention fut échangée contre la *mise en surveillance*, qui n'impliquoit pas alors l'infamie d'un crime antérieur, et qui ne m'assimiloit qu'aux émigrés et aux chouans, mes camarades d'opinion comme d'infortune. Il y eut un jour à jamais heureux où les portes seules d'une ville de guerre se refermèrent sur moi. Je respirai.

On comprendroit mal cependant la position d'un prisonnier *intra muros*, si on supposoit qu'il n'est placé hors de la catégorie commune que par une prohibition incommode de voyages et de promenades. C'est quelque chose déjà sans doute que d'assujétir la faculté locomotive d'un jeune homme plein de sève et de passions à des limites cruellement étroites, et que de lui dire : *Tu n'iras pas plus loin*, comme l'oiselier le dit à son serin, en le renfermant sous les treillis d'une cage, et les vieilles filles à leur perruche en leur mettant une chaîne à la pate. C'est bien pis encore pour l'esprit songeur, ou poétique, ou malade, que l'aspect de la ville importune, que la campagne appelle en vain, qui rêve à quelques pas de sa vaste prison les bois si sombres et si solitaires dont l'ombrage a rafraîchi, dont les tapis de mousse ont délassé nos premières années, qui en aspire de loin les parfums, qui en écoute de loin les murmures, qui leur invente au besoin d'autres beautés et d'autres mystères, et qui retombe incessamment de son illusion sous le poids des herses, des ponts-levis et des remparts.

Mais je ne crains pas de dire que cette gêne si tolérable en apparence n'a rien à envier aux rigueurs de la prison *dure*, quand elle est exercée sur un amant passionné de l'histoire naturelle. Comprenez-vous ce pauvre banni de l'air des champs, réduit à errer autour d'un axe inflexible sous la zone des fortifications, pendant que les premiers jours de mai fleurissent les prés, que les plantes rares achèvent de s'épanouir, et que les beaux papillons du printemps s'éveillent, en développant de toutes parts leurs magnifiques parures ; quand un capricorne d'or embaume les bosquets de saules d'émanations plus vives que celles des roses, et que des insectes habillés de pourpre, ou chatoyants d'azur comme les saphirs, pendent à toutes les fleurs? Trop fortuné, s'il n'ignoroit ses avantages, l'insouciant vagabond qui peut se récréer de ses fatigues au rajeunissement de la nature, et en épier à loisir les délicieux phénomènes dans quelque forêt bien écartée des villes, des villages et des grands chemins, sur le bord d'un ruisseau qui semble ne couler que pour lui ! Le prisonnier *intra muros* ne connoît plus de tout cela que la mouche importune, la guêpe irritée, le chien esclave, et l'homme plus esclave et plus vil que les brutes qu'il a conquises.

Le duc d'Otrante fit alors pour moi plus que

je n'osois désirer. Il daigna me rouvrir, de son propre mouvement, ce doux exil des champs, le seul bien que j'aie ambitionné en toute ma vie, le seul que j'ambitionne encore, peut-être parce que les impérieuses nécessités du travail me l'ont à jamais interdit. Après trois ans de laborieuse et charmante solitude, je pus quitter jusqu'à la France, cachot large et superbe sans doute, mais dont les frontières comprimoient encore mon indépendance inquiète. Le hasard voulut que j'allasse planter ma tente à l'endroit où mon protecteur devoit bientôt occuper un palais : je m'arrêtai à Laybach.

Et avant d'y revenir, je m'arrêterai ici un moment pour demander au lecteur s'il me croit autorisé en conscience à parler de Fouché comme du premier personnage venu tombé sous la main d'un biographe dans la loterie de l'alphabet? J'ai vu le duc d'Otrante pour la première fois dans la capitale politique des provinces illyriennes; je l'y ai vu sous la double influence de mon esprit de parti, qui lui étoit probablement trop contraire, de ma reconnoissance personnelle, qui lui étoit probablement trop favorable, et je me félicite de n'avoir pas à choisir entre ces deux impressions extrêmes pour rester impartial. J'ai le bonheur de n'avoir rien à dire de Fouché avant sa mission d'Illyrie, et on devine aisément pourquoi j'oublierai volontiers tout ce qui l'a précédée. Cela ne me regarde plus. Les écrivains qui font de l'histoire par lambeaux, qui l'assortissent de petites pièces de marqueterie ou de mosaïque, qui négligent le tout pour les parties et l'ensemble pour les détails, jouissent d'un privilége admirable; j'en userai encore une fois.

S'il y avoit eu moyen de discuter avec Bonaparte, qui n'aimoit pas la discussion, l'Illyrie auroit pu être difficile en gouverneurs; ses trois *vice-rois* l'avoient gâtée; car jamais, peut-être, pays conquis de vive force ne subit un despotisme plus affable et plus élégant. Le premier étoit le duc de Raguse, homme poli, spirituel, libéral, né dans une position élevée pour de grandes positions, le plus aimé comme le plus digne de l'être des compagnons d'Alexandre. Le second fut le comte Bertrand, esprit posé, réfléchi, sévère, administrateur religieux de la fortune publique, dont on n'avoit pas besoin de réprimer les largesses, mais dont le peuple honoroit la modération et la probité. Le troisième, un vieux soldat, brave comme son nom, qui valoit mille épées, brusque et même violent quelquefois avec les gens à grands airs, parce que la représentation l'ennuyoit ; mais d'ailleurs patient et doux dans les affaires, modeste et presque timide dans le monde comme un jeune sous-lieutenant en semestre, et toujours prêt à écouter avec bienveillance et à saisir avec ardeur une vérité contre laquelle il étoit arrivé armé de toutes pièces. L'Agamemnon de ma jeunesse n'avoit pas de guerriers plus dévoués que l'Achille dont je parle. C'étoit Junot, ou le duc d'Abrantès, et nous sûmes bientôt qu'il étoit blessé ailleurs qu'au talon.

Fouché le remplaça. Conviendrai-je que les deux noms du duc d'Otrante n'étoient pas populaires ? Son choix avoit d'ailleurs quelque chose d'effrayant pour les esprits exercés qui cherchent la raison des choses, et on pouvoit la chercher hardiment dans les résolutions et dans les choix de Bonaparte, le génie le plus logique et le plus conséquent qui ait jamais présidé aux destinées d'une nation. Le premier gouverneur d'Illyrie avoit été tout ce que devoit être le fondateur d'une puissance excentrique, réservée dès-lors à devenir pour le royaume futur de l'Adriatique une frontière et un boulevart. Le second apportoit, dans les relations toutes nouvelles des vainqueurs et des vaincus, cet esprit d'ordre, de conciliation et d'harmonie qui prépare la fusion des intérêts et consolide les conquêtes. Le troisième n'étoit venu qu'après les désastreuses journées de Russie pour jeter dans la balance déjà incertaine le poids de son glaive redouté des nations, de sa belliqueuse renommée, et de son dévouement aventureux. Fouché, récemment tiré de l'obscurité d'une longue disgrâce, ne paroissoit devoir la préférence inattendue de son maître qu'à la souplesse d'un génie délié, versé dans l'art des ménagements, habitué au mécanisme des transitions, et plus propre qu'aucun autre à l'*entremettage* des négociations difficiles. Aussi, quand il arriva, la restitution des provinces illyriennes étoit en secret, mais irrévocablement résolue.

Je n'ai pas besoin de dire que les éventualités de la possession m'étoient à peu près étrangères. Dans tout le cours de ma vie de cinquante-trois ans, je n'ai jamais conçu la possibilité d'une occurrence politique où j'eusse quelque chose à perdre, et surtout où j'eusse quelque chose à gagner. Mon industrie alimentaire se réduisoit à la direction d'une bibliothèque, et à la rédaction d'un journal publié dans les trois langues littéraires du pays, le françois, l'italien et l'allemand, auquel j'ajoutai plus tard, et pendant deux mois seulement, une version dans la langue vulgaire, c'est-à-dire en slave vindique. Mes feuilletons sur la statistique nationale, et particulièrement sur les idiomes et les productions, m'avoient procuré de nombreux rapports avec ces hommes studieux et zélés pour la science, qui sont partout l'élite des peuples, et que l'Illyrie compte par centaines. Il a fallu rapporter cette circonstance tout-à-fait dénuée d'intérêt, parce que c'est elle sans doute qui fit tomber mon nom sous les yeux du duc d'Otrante. Son infaillible mémoire lui retraça le reste. M. Babey, l'un de ces élèves chéris de mon père dont j'ai déjà parlé, n'avoit quitté l'ancien ministre ni dans son rigoureux exil ni dans sa nouvelle élévation. Le fils inconnu d'un vieil ami étoit pour lui un protégé naturel. Je fus mandé au palais.

J'étois fort jeune encore, mais le malheur est comme l'orage, il mûrit vite, il nourrit et bonifie les fruits de l'âme quand il ne les pourrit pas. La conscience d'une impartialité dont j'étois d'autant plus assuré qu'elle devenoit de jour en jour plus insouciante et plus dédaigneuse, quelque aptitude d'investigation que j'avois puisée dans d'autres études, et qui se dissimuloit d'elle-même sous des formes gauches et timides que je n'ai jamais perdues, un tact involontaire et presque machinal de prévision qui me trompoit rarement, de petits succès sans importance auxquels ma vanité en attachoit beaucoup, m'avoient fait croire, je ne sais comment, que j'étois prédestiné à écrire de l'histoire. A 26 ou 28 ans on croit encore tout ce qui flatte. Je n'avois jamais aperçu le duc d'Otrante, et c'étoit un de mes personnages les plus caractérisés dans ce grand drame de la convention, où il avoit figuré sous le nom de Fouché. J'étois donc fort curieux de voir le nouveau gouverneur dont je m'étois formé parfois d'étranges idées, et je fus presque aussi surpris que touché de la cordialité de son accueil.

Le duc d'Otrante n'avoit alors que 50 ans, car mon récit nous fait remonter jusqu'à 1813; mais il annonçoit davantage. Sa taille, peu élevée au-dessus de la moyenne, étoit d'ailleurs extrêmement grêle, et même un peu cassée, quand il se laissoit surprendre par la fatigue ou par l'ennui. Sa constitution osseuse et musculaire, qui se manifestoit par de vives saillies dans tous les endroits apparents, ne manquoit pas de vigueur; mais elle ne portoit plus rien de ce luxe de santé auquel on reconnoît les heureux de la terre, les égoïstes, les paresseux et les riches. Il n'y avoit pas un trait dans sa physionomie, pas un linéament dans toute sa structure, sur lequel le travail ou le souci n'eussent laissé une empreinte. Son visage étoit pâle d'une pâleur particulière, qui n'appartenoit qu'à lui, et que je serois embarrassé de définir. Ce n'étoit pas la lividité qui trahit l'action permanente d'une bile réprimée avec effort ; ce n'étoit pas cette couleur malade et *blêmissante* qui révèle un sang pauvre et une organisation étiolée. C'étoit un ton froid, mais vivant, comme celui que le temps donne aux monuments. La puissance de ses yeux bien enchâssés prévaloit, au reste, en peu de temps, sur toutes les impressions que son premier aspect auroit pu produire. Ils étoient d'un bleu très-clair, mais tout-à-fait dépourvus de cette lumière du regard que leur donnent le mouvement des passions et jusqu'au jeu de la pensée. Leur fixité curieuse, exigeante et profonde, mais immuablement terne, et que rien n'auroit détournée d'une question ou d'un homme, tant qu'il lui plaisoit de s'en occuper, avoit quelque chose de redoutable qui me fait tressaillir encore quelquefois. J'ai souvent raconté au duc d'Otrante des événements flatteurs et inespérés ; j'étois près de lui, et seul avec lui, à l'arrivée de plus d'un message désolant, et je n'ai jamais vu se démentir d'un clin d'œil l'impassible immobilité de ses yeux de verre. Les amateurs de petits spectacles, qui se sont fait montrer le duc d'Otrante chez les mouleurs en cire, le connoissent comme il étoit, si l'image offroit d'ailleurs la ressemblance requise dans ce genre d'imitation. Quant à moi, je me demandois par quelle incroyable opération de la volonté on pouvoit parvenir à éteindre son âme, à dérober à la prunelle sa transparence animée, à faire rentrer le regard dans un invisible étui, comme l'ongle rétractile des chats. Ce devoit être là l'objet d'une étrange étude!

La tenue du duc d'Otrante étoit d'une extrême simplicité, à laquelle ses mœurs le portoient naturellement, mais qui pouvoit avoir alors un motif politique, tout-à-fait d'accord avec ses penchants. L'ostentation plus qu'impériale de notre premier et de notre troisième gouverneur, très-convenablement appropriée sans doute à d'autres circonstances, auroit été déplacée chez un peuple jaloux de sa liberté, au moment où l'Europe entière le convoquoit à s'en ressaisir. Le duc d'Otrante, en redingote grise, en chapeau rond, en gros souliers ou en bottes, se promenant à pied au milieu de ses enfants, la main ordinairement liée à la main de sa jolie petite fille, saluant qui le saluoit, sans prévenance affectée comme sans morgue et sans étiquette, et s'asseyant bonnement où il étoit fatigué, sur le banc d'une promenade ou sur le seuil d'un édifice ; cet extérieur de vie bourgeoise, de bonhomie patriarcale et d'inclinations populaires qu'on avoit regardé jusqu'alors comme incompatible avec le caractère françois, et qui s'étoit manifesté rarement, à la vérité, chez les hommes de la conquête; tout ce qu'il y avoit de nouveau et de saisissant dans cet exercice familier, et comme facile, d'un pouvoir absolu qui ne s'étoit jamais montré qu'à travers la pompe des cours, la cohue dorée des cérémonies et le tumulte des gens de guerre, éveillèrent plus de sympathie que nous n'en avions obtenue en plusieurs années d'occupation. Ce sentiment contribua beaucoup à diminuer les embarras et les périls du départ pour une armée innombrable d'employés venus à la suite des baïonnettes, et qui n'avoient plus de baïonnettes pour les défendre, quand arriva cette catastrophe inévitable de l'évacuation qui est le quart d'heure de Rabelais des triomphateurs. Dirai-je que la bienveillance la plus tendre et la plus empressée prit soin de nous adoucir les rigueurs de cette humiliante nécessité, et de nous en épargner jusqu'à la pudeur? Dirai-je que les hommes les plus opposés à l'invasion françoise et qui en avoient le plus souffert, furent les premiers à cacher nos fourches caudines sous des draperies et des guirlandes, et que nous en reçûmes un adieu d'amitié sur leurs frontières affranchies? Ils ne nous aimoient point cependant! Quel peuple a jamais aimé l'étranger pour maître, et quels maîtres que les François chez les peuples qu'ils ont soumis! Il faut l'avoir vu pour le croire! Mais celui-là, c'étoit le peuple illyrien, si naïf dans ses impressions, si exemplaire dans ses mœurs, si fidèle à ses affections et à ses croyances, si éclairé pourtant sur toutes les questions qui intéressent la véritable gloire et le véritable bonheur des sociétés; c'étoit le peuple sans assassins, sans voleurs, sans méchants, dont on peut, suivant le proverbe vénitien, traverser les six provinces avec son argent sur sa main; un peuple auquel nous avons presque enseigné l'usage de la serrure et de la clé, mais qui a refusé, avec une intrépidité à toute épreuve, de recevoir de notre perfectibilité philanthropique l'invention de la guillotine ; la meilleure agrégation de bonnes gens que Dieu ait placée sur la terre : celle au milieu de laquelle on voudroit mourir.

Le duc d'Otrante avoit admirablement compris tout cela. Chargé des affaires d'une politique de transition qui demandoit les plus grands ménagements, et dont il paroît que la modération pratique de son caractère s'étoit accommodée avec l'âge, il avoit commencé par détendre l'action des exigences fiscales. Les violences maladroites de la conscription, qui ne servoient en dernière analyse qu'à organiser des bataillons pour un ennemi voisin, dont l'ancienne autorité laissoit de profondes racines dans le pays, s'étoient calmées tout d'un coup. Les pénalités de toute espèce perdoient journellement de leur rigueur, et leur modification ou leur suspension dépendoit exclusivement du gouverneur, car aucun arrêt ne pouvoit être mis à exécution qu'il ne l'eût préalablement ratifié de sa signature. C'est à moi qu'il adressa ce mot mémorable qu'on a rapporté depuis dans des mémoires très-apocryphes, mais éclairés cette fois, je le déclare, par d'excellents renseignements. La cour impériale venoit de déposer sur son bureau le dossier d'un arrêt en suspens qui attendoit son aveu. C'étoit celui de ce fameux Jean Sbogar, dont les journaux de Paris ont si bien prouvé que j'avois volé le type à lord Byron, par anticipation, sans doute. « Quel est cet homme? me dit le gouverneur.

— Un bandit systématique, répondis-je; un homme à opinions exaltés, à idées excentriques et bizarres, qui s'est acquis au fond de la Dalmatie une réputation d'énergie et d'éloquence, accréditée par des manières distinguées et une figure imposante.

— A-t-il tué ?

— Peut-être, mais à son corps défendant. Au reste, je n'en répondrois pas. Tout ce que je sais de lui, c'est que c'est un brigand fort intelligent et fort résolu, dont le nom revient souvent dans les conversations du peuple.

— Assez, reprit le duc d'Otrante en jetant le dossier dans la corbeille des rebuts, il y a des circonstances où ce bandit peut rendre de plus grands services que la cour impériale. »

Cela, c'étoit la moindre des énigmes du logogriphe, et il ne falloit pas être bien fin pour y lire distinctement le secret d'une dissolution prochaine dans le grand réseau de l'empire. Je commençois à comprendre l'embarras de la double position du gouverneur, parce que je croyois être parvenu à la voir sous ses deux aspects. Il devoit conserver à l'égard de toutes les autorités, et surtout de celles qui relevoient plus immédiatement de sa personne, les apparences d'un pouvoir permanent et affermi. Rien n'étoit épargné pour cet effet, et la crédulité ne manquoit pas de prêter de nouvelles forces à ses fausses espérances. Il avoit à ménager d'un autre côté les dispositions de la multitude pour un événement presque flagrant dont il auroit au besoin marqué le jour, et la presse étoit seule capable de le seconder dans ce dessein, mais une presse hardie, une presse d'opposition, s'il y en avoit eu alors, qui auroit exprimé son arrière-pensée sans le déceler lui-même. Je faisois un journal ; mais avois-je assez de portée d'esprit pour être mis sans danger dans une telle confidence? Le duc d'Otrante ne le pensa pas, et on voit que je ne fais pas ici de grandes violences à ma modestie. Il aima mieux m'essayer et s'assurer d'abord sur des choses insignifiantes de la discrétion que je serois capable de lui garder dans les choses sérieuses. Il me mandoit souvent, surtout la nuit, ne me parloit pas quand j'étois venu, se promenoit comme à l'ordinaire les mains derrière le dos, en laissant échapper quelques paroles entrecoupées, quelques interjections d'impatience ou de colère, comme un homme qui se croit tout seul, et me congédioit sans m'avoir rien dit. Très-persuadé que je ne pouvois pas avoir été appelé sans dessein, je jetois volontiers un article sur ces phrases presque insaisissables quand elles flattoient mon esprit ou mon cœur, et Dieu sait le beau bruit qui en résultoit à la cour : c'étoit le mot. Je m'accoutumois bientôt à supporter ces disgrâces journalières avec une sorte de dérision secrète. On me réveilloit, suivant l'usage, au milieu de la nuit suivante, et le gouverneur ne me témoignoit ni satisfaction ni déplaisir. Il se bornoit à continuer, sans prendre garde à moi, ses soliloques de somnambules, dont je faisois le lendemain des articles plus explicites et plus vifs que les premiers, au grand effroi de mes protecteurs et de mes amis. J'étois plus tranquille qu'eux sur le compte de l'auteur.

Une de ces nuits étranges, où, à part le valet de pied de service, personne ne veilloit plus à Laybach que le duc d'Otrante et moi, je me sentois tout près de céder aussi au sommeil, quand le gouverneur me saisit le bras : « Combien sont-ils d'arrêtés ? me dit-il, comme s'il n'avoit fait que poursuivre une conversation, et quoique ce fût bien positivement sa première parole. Douze ou quinze peut-être ?

— Soixante-dix-huit, monseigneur (il ne pouvoit être question que d'une insurrection très-récente de paysans montagnards).

— Soixante-dix-huit ! reprit-il. C'est une émeute qui exige prompte justice et de grands exemples. Révolte contre l'autorité françoise ! Ils sont bien hardis. Elle n'a jamais été plus puissante. Je n'ai dégarni les provinces de quelques régiments que parce qu'elles n'en ont pas besoin pour les garder. Des troupes fraîches m'arrivent d'ailleurs de tous les côtés, et quelques imprudentes manifestations de l'Autriche seroient une mauvaise garantie pour la rébellion.

— Il n'y a point de rébellion, monseigneur, dans le fait de ces pauvres diables, qui ne savent ni allemand ni françois, et qui ne se soucient guère des intérêts que les François et les Allemands peuvent avoir à débattre; il n'y a que la réticence extrêmement logique du contribuable qui répugne à payer deux fois, et qui ne suppose pas que son gouvernement puisse se rendre complice d'un stellionat et d'une concussion.

— Oh! oh! stellionat et concussion! Comment l'entendez-vous, s'il vous plaît? dit le duc en mettant les mains dans ses poches, et en continuant à se promener.

— Il n'y a rien de plus simple, monseigneur. Le gouvernement impérial s'est annoncé aux provinces par des vues libérales et généreuses; il a proclamé l'abolition du servage; il a promis aux peuples de les tenir à l'abri des exactions seigneuriales, et de régler leur impôt sur l'échelle commune.

— Il n'y avoit rien de plus juste, interrompit le duc. Ce ne sont plus des vaincus. Ce sont des nationaux qui jouissent des droits de tous.

— Et qui paient cet avantage un peu cher, continuai-je; car on a triplé, quadruplé la cote de leurs impositions, sans exciter un murmure. Il n'y a pas un département du centre où la perception s'exécute avec plus de facilité.

— Mais l'insurrection? dit le duc.

— Permettez-moi d'y venir. Depuis quelques années, l'autorité déléguée de France a toujours tendu avec plus ou moins de succès à rallier l'ancienne aristocratie par des distinctions, par des cordons, par des titres, et ces moyens étoient, en général, assez insuffisants, car rien ne prouve que le prince de Lichtenberg, un des membres de votre conseil, se tienne fort honoré d'être baron de l'empire. On a senti qu'il falloit davantage, et sans légaliser par des actes officiels la vieille fiscalité seigneuriale, on en tolère officieusement l'exercice. Dans cent villages illyriens, les contribuables sont soumis à l'impôt double; et il n'est pas étonnant que cette vexation, fort éloignée de la pensée de votre excellence, ait excité quelque part un petit mouvement populaire, qui n'est pas une révolte, comme on l'a qualifié, et qui n'a rien de politique. »

Tout ce que je venois de dire, le duc d'Otrante le savoit à merveille, mais il étoit dans ses habitudes politiques de faire dire par les autres ce qu'il ne lui convenoit pas de dire lui-même. Je connoissois déjà cet artifice particulier de sa conversation, et c'est pour cela que je m'exprimois quelquefois devant lui avec une confiance et une liberté peu diplomatiques.

Je n'attendois pas sa réponse. Je savois bien qu'il ne m'en feroit point, car il ne sortoit presque jamais des formes de l'interrogation; mais son monologue rêveur avoit recommencé, et j'en surprenois à la volée les traits les plus saillants, pour les assortir à ma rédaction. Le lendemain, l'article parut. Il imposoit le respect des lois; il blâmoit sévèrement les voies insurrectionnelles comme outrageantes aux vues d'un gouvernement qui cherchoit la vérité et qui vouloit la justice; mais il rassuroit la classe imposée des villages sur les exigences *extrà-légales* dont la répression leur étoit due à titre de promesse et à titre d'équité. Il appeloit enfin l'indulgence du pouvoir sur des hommes égarés dont les mécontentements n'étoient pas sans cause et les fautes sans excuse. Il fut très-populaire à la ville et très-mal vu au palais du gouvernement, où la noblesse abondoit encore. Je n'y trouvai pas une main à serrer.

J'arrivai enfin devant le gouverneur, qui ne m'accueilloit ordinairement que par une petite inclination de tête; il fut plus expansif : « Où avez-vous pris toutes les lubies que vous avez débitées ce matin? me dit-il.

— Dans ma conscience, monseigneur, et je suis si disposé à les avouer devant le pays tout entier que je les ai fait traduire et imprimer en slave vulgaire.

— En slave, reprit-il? C'est une idée qui peut devenir profitable pour le journal; il ne faut pas que le peuple soit privé de nouvelles. Mais ne manquez pas alors de faire faire vos articles politiques par quelques-uns de ces messieurs, ou du moins de les consulter, car tout le monde est d'accord que vous n'y entendez rien. Les journaux ont du retentissement, messieurs ; il y a un parti très-avantageux à en tirer dans les circonstances où nous sommes. Je regrette souvent de n'avoir pas le temps de m'en occuper. »

Après ces paroles, il nous tourna le dos, et on me félicita d'être quitte d'une si rude épreuve à si bon marché. Quant à moi, j'admirai la bonne grâce avec laquelle les esprits les plus retors se laissent prendre aux mystifications les plus communes.

Tout n'étoit pas fini dans l'épisode des paysans. L'instruction étoit avancée ; l'action de la justice ne pouvoit pas s'interrompre ; il y avoit sur le fait d'attroupement et de résistance à la force dans un pays d'invasion, des lois positives et horriblement rigoureuses. La noblesse attendoit enfin une pleine satisfaction, et mettoit probablement à ce prix ses dernières condescendances. Heureusement pour le gouverneur, la prison étoit bien mal close, dans une capitale où les mauvais sujets sont si rares qu'on n'y avoit pas compté dix préventions de crimes qualifiés, en cinq ans. Deux ou trois nuits après, les paysans étoient partis, et les bandits avec eux. On a déjà vu que le duc d'Otrante n'attachoit pas une grande importance à l'exécution de ces misérables. Cet événement n'eut d'autre suite qu'un arrêté du gouvernement qui ordonnoit la construction d'une nouvelle prison à portes solides et à murs infranchissables, ont les travaux furent mis immédiatement en adjudication. J'espère que mes chers Illyriens de la bonne, paisible et pieuse Carniole, peuvent encore s'en passer. Ils se passent bien de nous aussi.

Je n'ai rien raconté de fort important, parce que je n'avois rien de fort important à raconter. J'imagine pourtant que ces détails peuvent donner quelque idée de la manière de procéder du duc d'Otrante, dans de plus grandes affaires. Je finirai par une anecdote qui m'est encore plus personnelle, et qui témoigne de ce qu'il y avoit de tendre, de généreux, d'élevé dans ce caractère si calomnié. Elle n'est pas très-intéressante non plus. On est bien autrement à son aise quand on invente.

Mon journal tétraglotte étoit devenu, sous l'aveu tacite du gouverneur, un moyen de concession progressive et amicale, entre l'occupation et le pays. Il avoit adouci quelques mécontentements, apaisé quelques haines, favorisé peut-être le développement de quelques affections. Je continuois à l'écrire de moi-même, et sous la seule inspiration de ces pensées d'accommodement et de bienveillance, à l'arrière-garde de notre lente et cérémonieuse retraite. J'étois à Trieste, et les autorités françoises avoient déjà 15 lieues d'avance sur moi. Elles alloient quitter Gorice. La flotte angloise étoit à l'ancre à une portée de canon du port de Trieste. Les troupes autrichiennes occupoient Matéria, et de moment en moment Santa-Croce, les deux points accessibles de la montagne, qui ne sont pas éloignés de plus de deux lieues. Un détachement hasardeux ou égaré s'étoit montré jusque dans les environs du *Farnedo*, le pittoresque et délicieux jardin de la belle capitale de l'Istrie. Pressé par la faim, il s'aventura de désespoir à tenter l'entrée de la ville, pour y acheter du pain. Il l'auroit bien prise s'il avoit voulu, car il ne restoit à la citadelle que dix-huit soldats malades qu'on n'avoit pas pu transporter. Le passage lui fut accordé; les boutiques des boulangers lui furent ouvertes ; il défila en mangeant, la crosse du fusil sous l'aisselle et le canon baissé : spectacle attendrissant qui avoit son côté ridicule, et qui eut une tragique péripétie.

Je n'étois pas le seul François qui fût resté à Trieste. Un employé obscur s'y tenoit caché dans un grenier, chez une femme de son intimité. Il trouva fort héroïque de verser une fois, dans le cours de sa noble carrière, le *sang impur* de l'étranger, et il abattit d'un coup de carabine, tiré du toit, un pauvre Allemand qui avoit la bouche pleine, et qui tomba mort sans pousser un cri. De ce moment, les soldats irrités se répandirent dans les rues en se cherchant des ennemis qu'ils n'avoient point, s'en prirent aux premiers venus, et regagnèrent confusément la campagne, après avoir massacré deux ou trois honnêtes bourgeois qui se trouvèrent sur leur chemin. Le lâche assassinat commis sur ces malheureux fut, comme on voit, chèrement payé, mais il pouvoit entraîner, quelques jours après, des représailles bien plus cruelles.

La semaine n'étoit pas écoulée que je fus éveillé à cinq heures du matin par une estafette chargée de dépêches du gouverneur, et qui reprit la route de Gorice, en emportant brusquement mon reçu, car le temps pressoit. C'étoit un ordre exprès d'interrompre sur-le-champ la publication de mon journal, et, en outre, copie conforme d'un double arrêté qui me destituoit de deux places assez lucratives dont la bonté du duc d'Otrante m'avoit pourvu le mois précédent. Ces rigueurs étoient expliquées avec soin dans un formidable *considérant*, dont les trois paragraphes comprenoient autant de griefs capitaux qui auroient pu en bonne justice coûter la tête à trois hommes : connivence démontrée avec l'étranger, conspiration continue et flagrante contre le gouvernement de l'empereur, correspondance suivie entre les agents intérieurs et extérieurs de l'ancienne maison de France, dont j'étois le trait d'union secret. Il y avoit là quelque apparence fondée sur mes opinions de proscrit, dont jamais Fouché ne m'avoit dit un mot, mais j'étois incapable de capituler traîtreusement avec des devoirs que m'imposoit sa confiance, et que j'avois librement acceptés. Je sortis indigné pour demander des chevaux, et pour aller me livrer à Gorice à toutes les chances d'une injuste accusation. Je croyois n'y arriver jamais assez tôt.

Quand j'arrivai dans la rue, je la trouvai remplie de soldats. Les Autrichiens venoient d'entrer, et cette fois en nombre suffisant pour ne pas craindre un guet-apens. Les Anglois débarquoient sans obstacle, et cinq ou six *midshipmen*, le cigare à la bouche, se promenoient les bras croisés sur le port. Trieste, sans défense, tomboit à la discrétion de l'étranger, ou, pour parler plus nettement, retomboit de toute la puissance des choses sous la domination de son maître naturel. Je n'eus pas de peine à me procurer des moyens de départ. Mes amis m'en offroient à l'envi, tout en me conjurant de rester, mais j'avois une blessure trop vive à guérir pour me rendre à leurs instances. A neuf heures du soir, j'étois à Gorice.

Je courus chez le gouverneur, qui démentit un moment son flegme imperturbable par un mouvement de joie.

« Vous voilà, me dit-il. Vous m'avez donné un peu d'inquiétude.

— Je n'en serois pas digne, monseigneur, si je m'étois rendu coupable des actions dont votre arrêté m'accuse !...

— Ah! ah! reprit-il en me poussant du geste vers un angle du salon, mon arrêté d'hier, n'est-il pas vrai? Mais si des violences avoient accompagné l'invasion, si des vengeances l'avoient suivie, pensez-vous qu'il vous auroit été inutile? c'étoit, ce me semble, une belle patente de contre-révolutionnaire.

— Que j'ai de grâces à vous rendre, m'écriai-je en me frappant le front, cette idée ne m'étoit pas venue ! »

Il me toucha doucement sur l'épaule en essayant de sourire. N'y a-t-il pas quelque chose d'incommensurable dans ce mélange des sympathies les plus officieuses de la bonté avec ce qu'il y a de plus dédaigneux dans l'aristocratie de l'esprit et du pouvoir? Qui oseroit penser qu'un tel procédé pût partir d'un méchant homme? Je conviendrai de beaucoup de choses avant de convenir que Fouché a été bien jugé par ses contemporains. L'histoire et Dieu le jugeront.

FIN.

TABLE.

SOUVENIRS.

Charlotte Corday.	3
Saint-Just et Pichegru.	39
Suites d'un mandat d'arrêt.	107

PORTRAITS.

Pichegru.	193
Réal.	241
Fouché.	303

FIN DE LA TABLE.

www.ingramcontent.com/pod-product-compliance
Lightning Source LLC
Chambersburg PA
CBHW060631170426
43199CB00012B/1517